Tri Stan Auclair

Tri Stan
Auclair

Labyrinthes

Zen

Labyrinthes
Zen

■ ■ ■

Dave Phillips

éditions Bravo!

© 2009 Dave Phillips pour l'édition originale
© 2009 Les Publications Modus Vivendi inc. pour l'édition française

L'édition originale de cet ouvrage est parue chez Sterling Publishing Co. Inc. sous le titre *The Zen of Labyrinthes*

Publié par les Éditions Bravo! une division de
LES PUBLICATIONS MODUS VIVENDI INC.
55, rue Jean-Talon Ouest, 2ᵉ étage
Montréal (Québec) H2R 2W8
Canada

www.editionsbravo.com

Directeur éditorial : Marc Alain
Design intérieur : Celia Fuller
Traduction : Jean-Robert Saucyer

ISBN 978-2-92372-018-0

Dépôt légal : Bibliothèque et Archives nationales du Québec, 2009
Dépôt légal : Bibliothèque et Archives Canada, 2009

Imprimé en Chine

TABLE DES MATIÈRES

INTRODUCTION

Un dédale est un assemblage de croisements et de couloirs qui bifurquent délimité par des murs. Que les murs soient réels, faits de pierre ou de haies, ou qu'il s'agisse simplement de traits noirs imprimés sur une page, ils constituent un territoire interdit. Nous acceptons dès la petite enfance cette convention selon laquelle il faut tracer à l'aide d'un crayon sa voie vers la sortie d'un dédale sans pour autant recouper un trait noir qui représente un mur. Toutefois, afin qu'un dédale qui tient sur un imprimé continue de stimuler une intelligence plus mûre, il faut qu'il compte davantage de couloirs définis par un nombre grandissant de murs.

Plusieurs partent de la sortie d'un dédale et remontent les couloirs jusqu'à son entrée afin de résoudre le problème plus facilement. Cette façon de faire permet d'éviter les nombreux pièges tendus par le concepteur. Un dessinateur futé peut cependant contrer cette tricherie en imaginant un dédale semé d'embûches dans un sens comme dans l'autre.

Pour ce faire, il doit tracer davantage de couloirs (presque deux fois plus que d'ordinaire) afin d'égaler le degré de difficulté qui attend le bon joueur qui s'engouffre dans le dédale par son entrée et en sort par sa sortie.

L'explorateur de dédales s'aventure dans les couloirs sans issue jusqu'à se rendre compte qu'il serait futile de continuer plus loin. Plus un joueur est en mesure de voir venir les obstacles, plus la voie qui mène à une impasse doit être longue et sinueuse afin de tromper l'œil et, pour cela, il faut davantage de couloirs et de murs. Toutefois, un dédale bien construit, fait de couloirs en boucle (qui ne comporte aucune impasse), peut ramener à son insu le joueur au point de départ. Passé un certain cap, un dédale imprimé, même s'il est bien conçu, devient trop assommant ou trop facile pour cultiver l'intérêt de ceux qui ont quitté l'enfance. Soit que ses couloirs sont trop nombreux, soit qu'ils ne le sont pas assez. Cependant, cela n'est vrai que si l'on observe uniquement la première règle voulant qu'il soit interdit de franchir les murs.

Les dédales qui composent ce recueil s'appuient sur quelques règles supplémentaires qui régissent les déplacements du joueur. Ainsi, on se trouve devant un nombre minimal jusqu'à l'absurde de couloirs et de murs. Les jeux sont dessinés de manière à vous attirer avec leurs éléments graphiques simples et audacieux, à vous laisser croire qu'il est facile d'en trouver la solution. Ils sont toutefois conçus afin d'amuser et de défier les adultes amateurs de jeux d'esprit. Nul ne les trouvera banals.

Vous devrez découvrir la voie vers la sortie de chaque dédale en vous appuyant sur la logique et le raisonnement déductif. Abordez chacun comme bon vous plaira : à partir de l'entrée, de la sortie ou de n'importe quel endroit.

Ce livre aligne huit sections. Chacune est dotée d'un ensemble de règles qui lui sont propres et regroupe vingt problèmes plus ou moins présentés en ordre croissant de difficulté. Vous avez le droit de rebrousser chemin dans les labyrinthes des quatre premières sections, mais il est interdit de le faire dans ceux des quatre autres. Les grandes règles sont livrées à la fin de l'introduction. Les objectifs et

les règles propres aux différentes sections, de même que quelques tuyaux pour trouver la sortie, sont énoncés en tête de chapitre. Des versions abrégées des objectifs et des règles de chaque section figurent en guise de mémentos sous chaque dédale.

Les solutions sont présentées à la fin du livre afin que vous puissiez vous y reporter lorsque vous croyez qu'un problème est insoluble. Je vous souhaite beaucoup de plaisir !

RÈGLES GÉNÉRALES

Tous les jeux de ce livre ont en commun la règle suivante : il est interdit de franchir les zones en noir.

Sections 1 à 4 (Couloirs de couleur, Droites, Courbes et Virages) : vous avez le droit de rebrousser chemin (cela est souvent nécessaire). Les solutions proposées à la fin du livre ne tiennent pas compte des boucles inutiles.

Sections 5 à 8 (Séquence A, Séquence B, Deux de suite et Boucle) : vous n'avez pas le droit de revenir sur vos pas. Ainsi, vous formerez vos propres impasses lorsque vous traverserez un croisement.

Couloirs de couleur

OBJECTIF : Si un carré gris occupe le centre du dédale, entrer par le couloir rouge de la face inférieure de l'illustration et achever votre parcours au carré gris. Si le dédale est doté d'une sortie à sa face supérieure, entrer par le couloir rouge de la face inférieure et sortir par la face supérieure.

RÈGLES : Il est permis de rebrousser chemin, mais les virages en U sont interdits à l'intérieur d'un couloir. Suivre les couloirs selon l'ordre suivant: rouge, bleu, jaune et ensuite rouge, bleu, jaune et changer de couleur, s'il le faut, aux cases blanches.

INDICES : Il ne s'y trouve aucun piège. Certaines solutions reposent sur deux passages à l'intérieur de certains couloirs et jusqu'à trois passages dans quelques carrés.

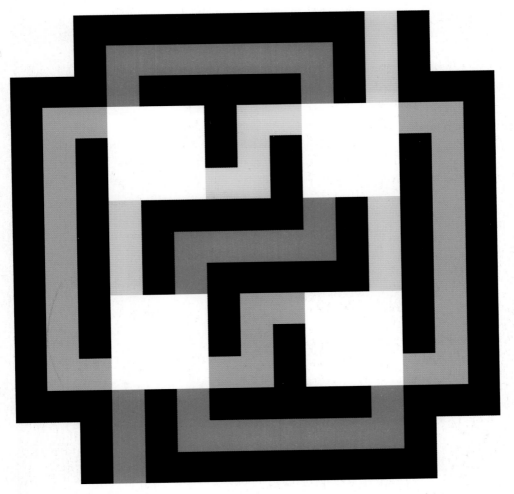

OBJECTIF : Entrer par la face inférieure et sortir par la face supérieure.
RÈGLES : Il est permis de rebrousser chemin. Suivre les couloirs dans cet ordre :
rouge, bleu, jaune.

Couloir de couleur 2

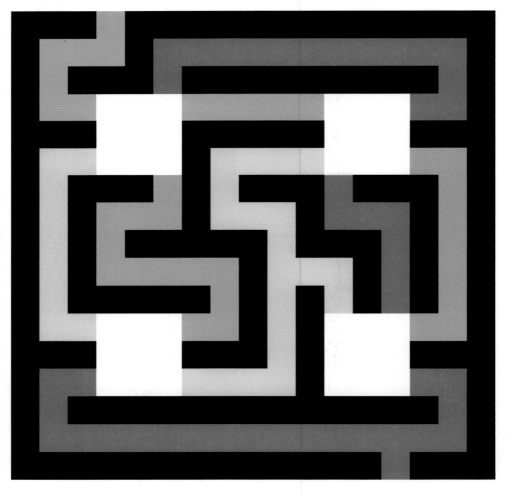

OBJECTIF : Entrer par la face inférieure et sortir par la face supérieure.
RÈGLES : Il est permis de rebrousser chemin. Suivre les couloirs dans cet ordre :
rouge, bleu, jaune.

Couloir de couleur 3

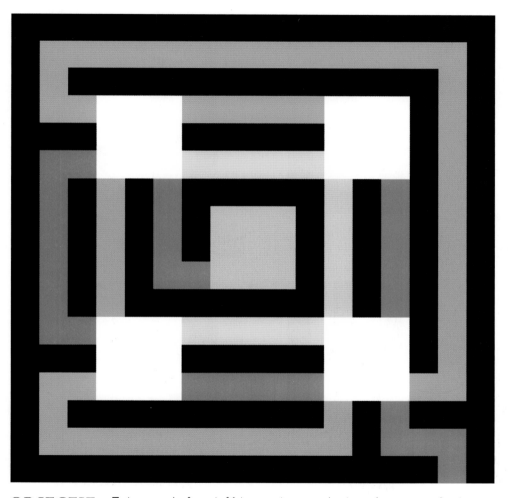

OBJECTIF : Entrer par la face inférieure et se rendre jusqu'au au carré gris.
RÈGLES : Il est permis de rebrousser chemin. Suivre les couloirs dans cet ordre :
rouge, bleu, jaune.

Couloir de couleur 4

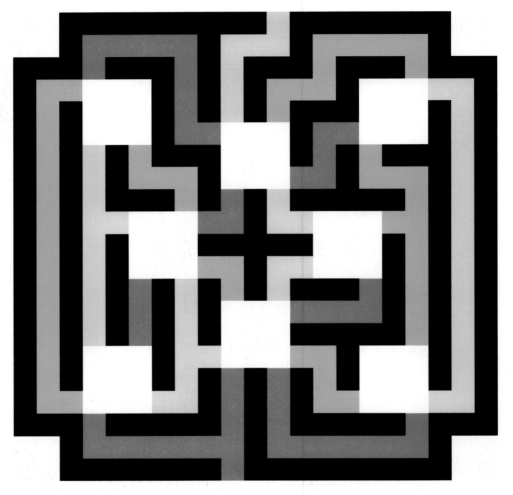

OBJECTIF : Entrer par la face inférieure et sortir par la face supérieure.
RÈGLES : Il est permis de rebrousser chemin. Suivre les couloirs dans cet ordre :
rouge, bleu, jaune.

Couloir de couleur 5

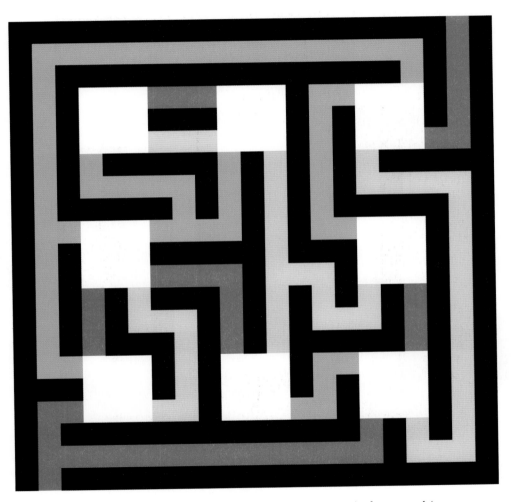

OBJECTIF : Entrer par la face inférieure et sortir par la face supérieure.

RÈGLES : Il est permis de rebrousser chemin. Suivre les couloirs dans cet ordre : rouge, bleu, jaune.

Couloir de couleur 6

OBJECTIF : Entrer par la face inférieure et sortir par la face supérieure.
RÈGLES : Il est permis de rebrousser chemin. Suivre les couloirs dans cet ordre :
rouge, bleu, jaune.

Couloir de couleur 7

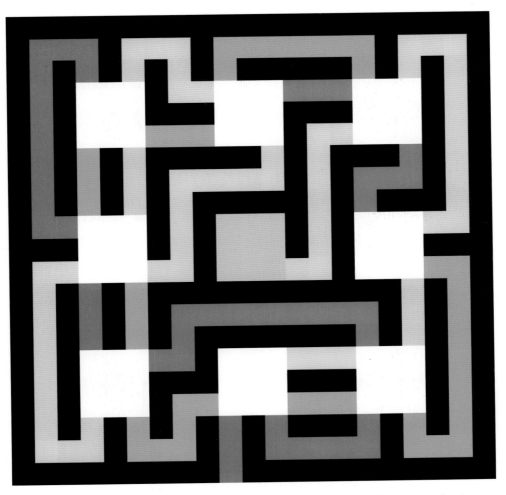

OBJECTIF : Entrer par la face inférieure et se rendre jusqu'au au carré gris.
RÈGLES : Il est permis de rebrousser chemin. Suivre les couloirs dans cet ordre :
rouge, bleu, jaune.

Couloir de couleur 8

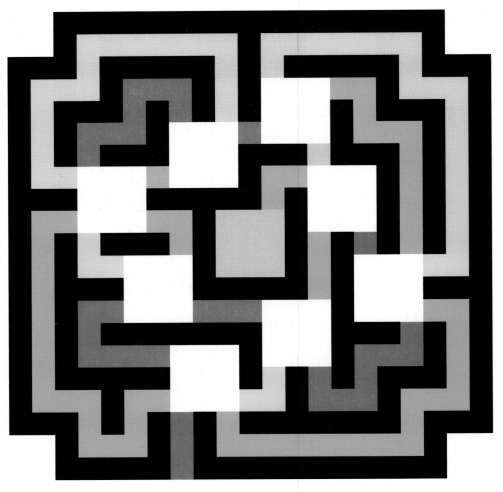

OBJECTIF : Entrer par la face inférieure et se rendre jusqu'au au carré gris.
RÈGLES : Il est permis de rebrousser chemin. Suivre les couloirs dans cet ordre :
rouge, bleu, jaune.

Couloir de couleur 9

OBJECTIF : Entrer par la face inférieure et sortir par la face supérieure.

RÈGLES : Il est permis de rebrousser chemin. Suivre les couloirs dans cet ordre : rouge, bleu, jaune.

Couloir de couleur 10

OBJECTIF : Entrer par la face inférieure et se rendre jusqu'au au carré gris.

RÈGLES : Il est permis de rebrousser chemin. Suivre les couloirs dans cet ordre :
rouge, bleu, jaune.

Couloir de couleur 11

OBJECTIF : Entrer par la face inférieure et se rendre jusqu'au au carré gris.
RÈGLES : Il est permis de rebrousser chemin. Suivre les couloirs dans cet ordre :
rouge, bleu, jaune.

15

Couloir de couleur 12

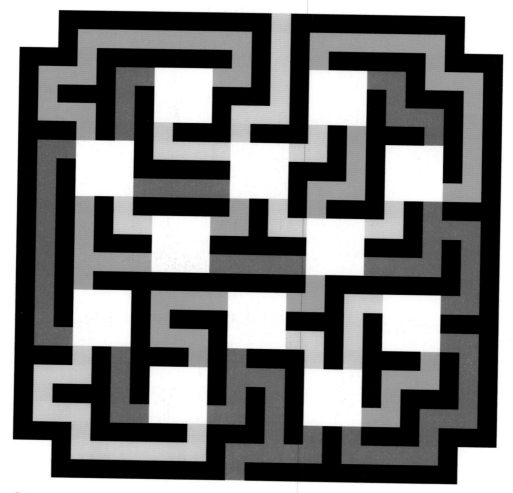

OBJECTIF : Entrer par la face inférieure et sortir par la face supérieure.
RÈGLES : Il est permis de rebrousser chemin. Suivre les couloirs dans cet ordre :
rouge, bleu, jaune.

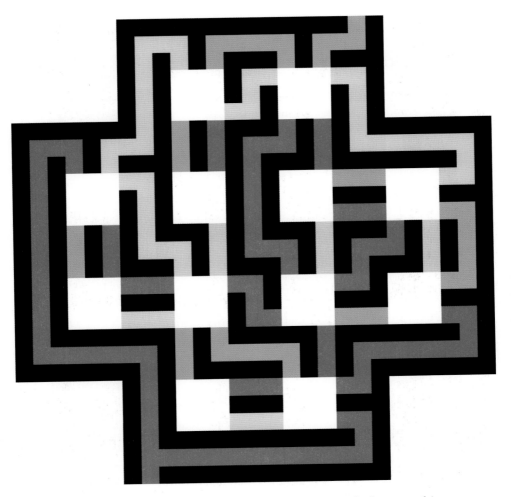

OBJECTIF : Entrer par la face inférieure et sortir par la face supérieure.

RÈGLES : Il est permis de rebrousser chemin. Suivre les couloirs dans cet ordre : rouge, bleu, jaune.

Couloir de couleur 14

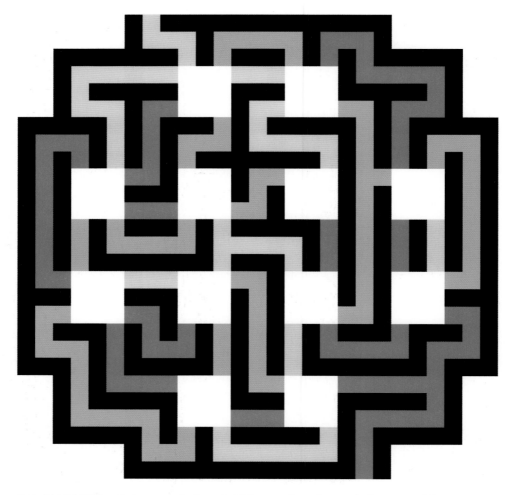

OBJECTIF : Entrer par la face inférieure et sortir par la face supérieure.
RÈGLES : Il est permis de rebrousser chemin. Suivre les couloirs dans cet ordre :
rouge, bleu, jaune.

Couloir de couleur 15

OBJECTIF : Entrer par la face inférieure et sortir par la face supérieure.

RÈGLES : Il est permis de rebrousser chemin. Suivre les couloirs dans cet ordre : rouge, bleu, jaune.

Couloir de couleur 16

OBJECTIF : Entrer par la face inférieure et sortir par la face supérieure.
RÈGLES : Il est permis de rebrousser chemin. Suivre les couloirs dans cet ordre :
rouge, bleu, jaune.

Couloir de couleur 17

OBJECTIF : Entrer par la face inférieure et sortir par la face supérieure.
RÈGLES : Il est permis de rebrousser chemin. Suivre les couloirs dans cet ordre :
rouge, bleu, jaune.

Couloir de couleur 18

OBJECTIF : Entrer par la face inférieure et sortir par la face supérieure.
RÈGLES : Il est permis de rebrousser chemin. Suivre les couloirs dans cet ordre :
rouge, bleu, jaune.

Couloir de couleur 19

OBJECTIF : Entrer par la face inférieure et se rendre jusqu'au au carré gris.
RÈGLES : Il est permis de rebrousser chemin. Suivre les couloirs dans cet ordre :
rouge, bleu, jaune.

Couloir de couleur 20

OBJECTIF : Entrer par la face inférieure et se rendre jusqu'au au carré gris.
RÈGLES : Il est permis de rebrousser chemin. Suivre les couloirs dans cet ordre :
rouge, bleu, jaune.

Droites

OBJECTIF : Tracer un seul parcours qui débute au périmètre du dédale, qui passe par toutes les cases bleues et qui sort du dédale.

RÈGLES : Il est permis de rebrousser chemin. Suivre en droite ligne les cases qui ne sont pas noires à l'horizontale ou à la verticale jusqu'à ce qu'une case noire vous contraigne à effectuer un virage. Lorsque vous êtes contraint de faire un virage, choisir la direction de votre choix. (Vous pouvez également retourner d'où vous venez, bien que vous ne puissiez pas vous arrêter avant de toucher un mur.) En l'absence de mur noir devant vous, sortir du dédale. Le problème est résolu seulement lorsque vous êtes passé à au moins une reprise dans toutes les cases bleues avant de sortir du dédale.

INDICES : Il faut passer à deux reprises, et parfois trois, dans nombre de cases. Essayer de déduire où se trouve l'emplacement de l'entrée et de la sortie. Il apparaît qu'une case bleue peut faire parfois l'objet du premier ou du dernier déplacement.

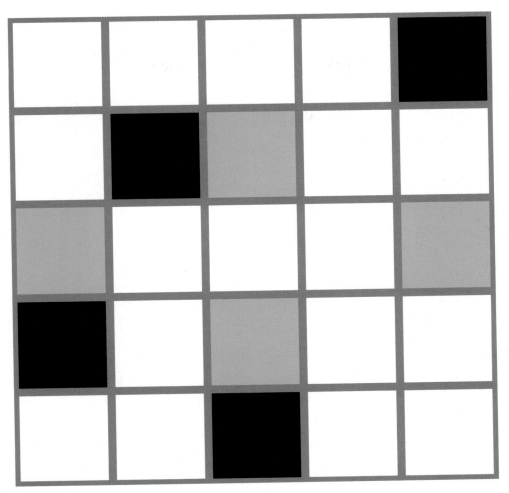

OBJECTIF : Entrer dans le dédale, passer par toutes les cases bleues et sortir du dédale.

RÈGLES : Il est permis de rebrousser chemin. Avancer en ligne droite, à moins d'être contraint à un virage.

Droite 2

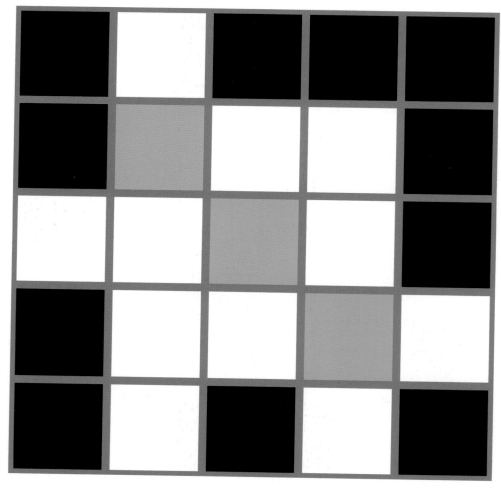

OBJECTIF : Entrer dans le dédale, passer par toutes les cases bleues et sortir du dédale.
RÈGLES : Il est permis de rebrousser chemin. Avancer en ligne droite, à moins d'être contraint à un virage.

28

Droite 3

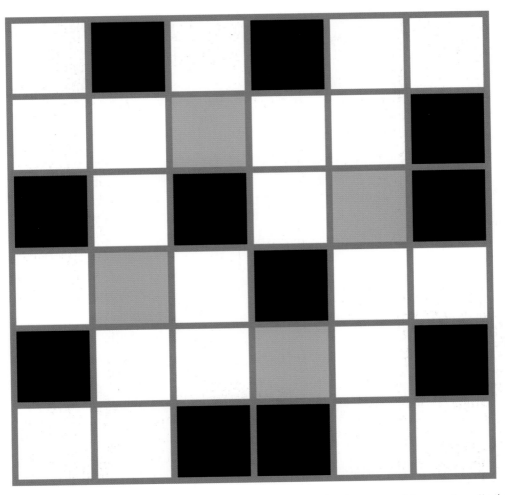

OBJECTIF : Entrer dans le dédale, passer par toutes les cases bleues et sortir du dédale.

RÈGLES : Il est permis de rebrousser chemin. Avancer en ligne droite, à moins d'être contraint à un virage.

29

Droite 4

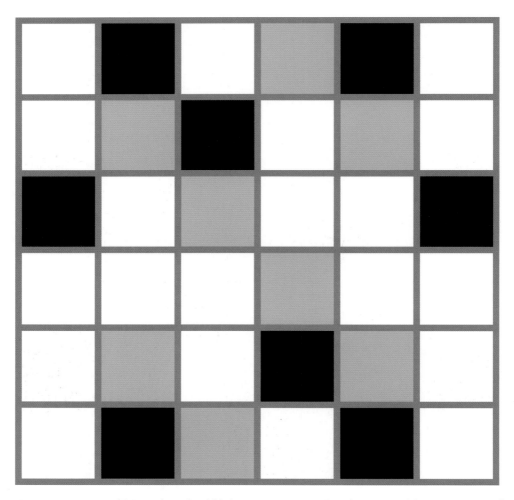

OBJECTIF : Entrer dans le dédale, passer par toutes les cases bleues et sortir du dédale

RÈGLES : Il est permis de rebrousser chemin. Avancer en ligne droite, à moins d'être

contraint à un virage.

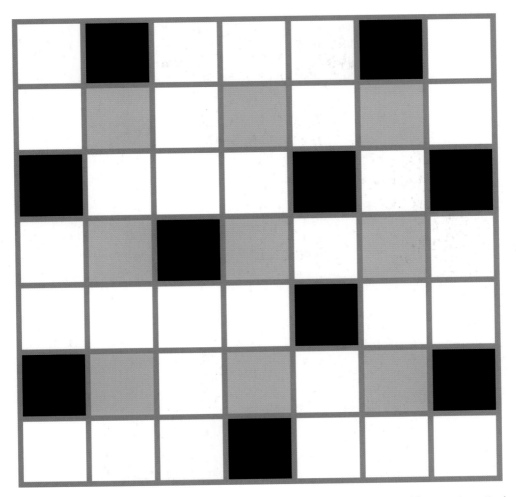

OBJECTIF : Entrer dans le dédale, passer par toutes les cases bleues et sortir du dédale.

RÈGLES : Il est permis de rebrousser chemin. Avancer en ligne droite, à moins d'être contraint à un virage.

31

Droite 6

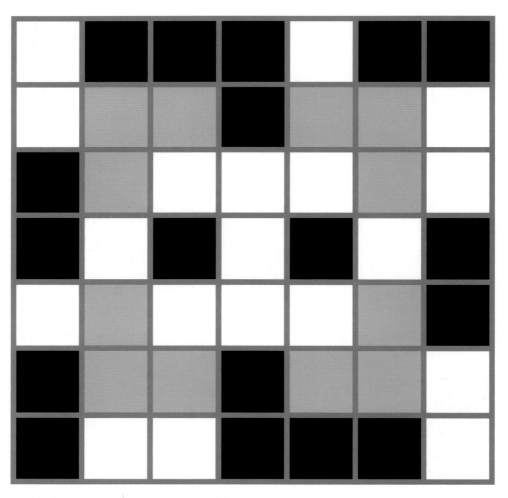

OBJECTIF : Entrer dans le dédale, passer par toutes les cases bleues et sortir du dédale
RÈGLES : Il est permis de rebrousser chemin. Avancer en ligne droite, à moins d'être contraint à un virage.

32

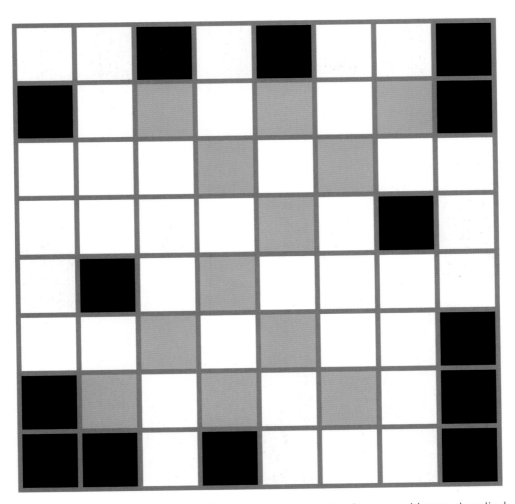

OBJECTIF : Entrer dans le dédale, passer par toutes les cases bleues et sortir du dédale.
RÈGLES : Il est permis de rebrousser chemin. Avancer en ligne droite, à moins d'être
contraint à un virage.

Droite 8

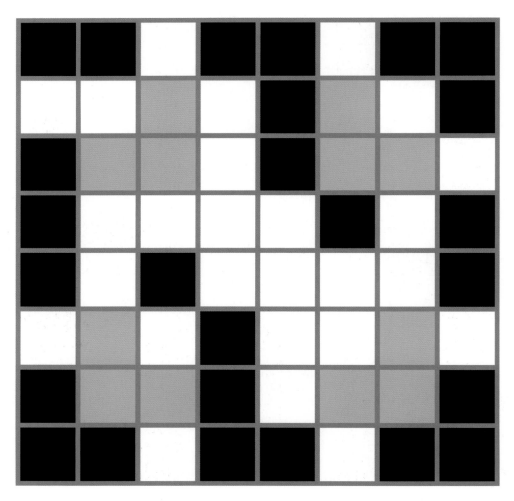

OBJECTIF : Entrer dans le dédale, passer par toutes les cases bleues et sortir du dédale.

RÈGLES : Il est permis de rebrousser chemin. Avancer en ligne droite, à moins d'être contraint à un virage.

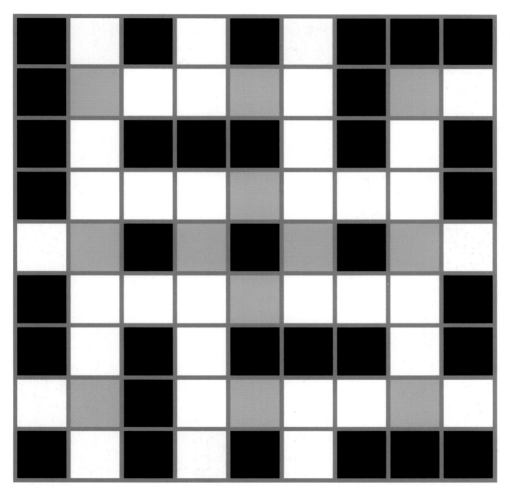

OBJECTIF : Entrer dans le dédale, passer par toutes les cases bleues et sortir du dédale.

RÈGLES : Il est permis de rebrousser chemin. Avancer en ligne droite, à moins d'être contraint à un virage.

Droite 10

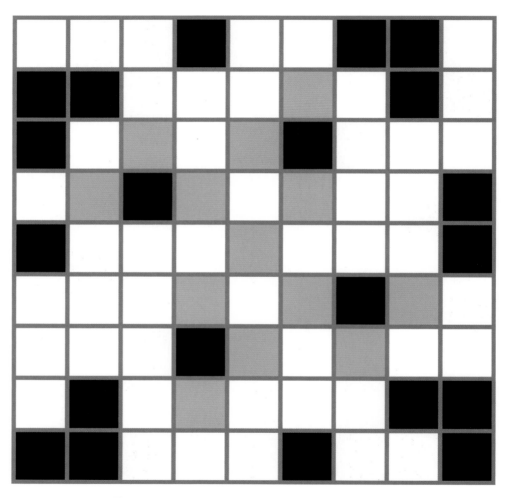

OBJECTIF : Entrer dans le dédale, passer par toutes les cases bleues et sortir du dédale

RÈGLES : Il est permis de rebrousser chemin. Avancer en ligne droite, à moins d'être contraint à un virage.

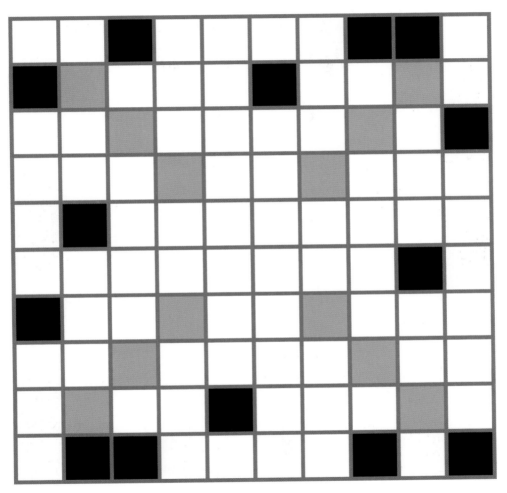

OBJECTIF : Entrer dans le dédale, passer par toutes les cases bleues et sortir du dédale.
RÈGLES : Il est permis de rebrousser chemin. Avancer en ligne droite, à moins d'être contraint à un virage.

Droite 12

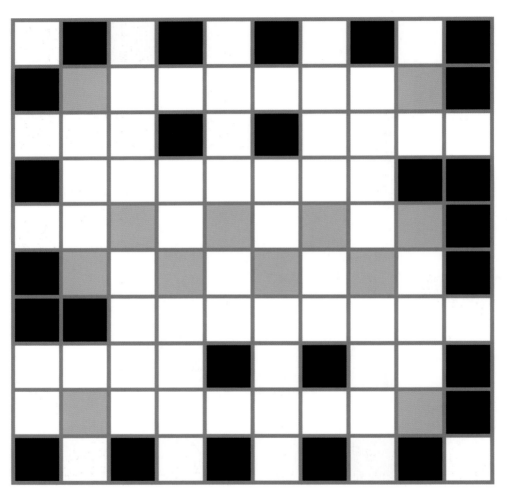

OBJECTIF : Entrer dans le dédale, passer par toutes les cases bleues et sortir du dédale
RÈGLES : Il est permis de rebrousser chemin. Avancer en ligne droite, à moins d'être contraint à un virage.

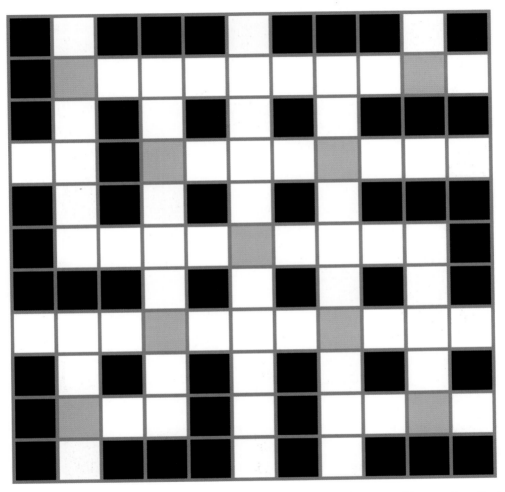

OBJECTIF : Entrer dans le dédale, passer par toutes les cases bleues et sortir du dédale.

RÈGLES : Il est permis de rebrousser chemin. Avancer en ligne droite, à moins d'être contraint à un virage.

Droite 14

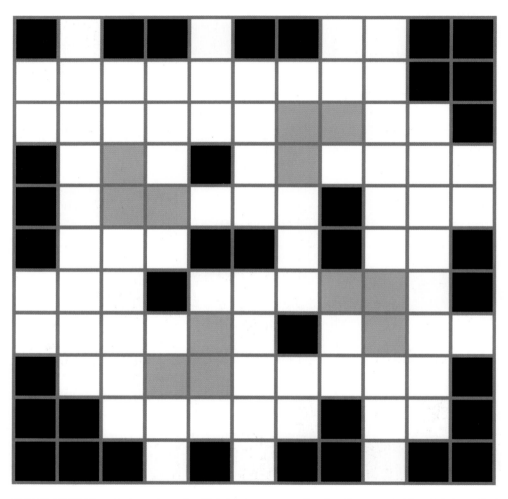

OBJECTIF : Entrer dans le dédale, passer par toutes les cases bleues et sortir du dédale.
RÈGLES : Il est permis de rebrousser chemin. Avancer en ligne droite, à moins d'être contraint à un virage.

Droite 15

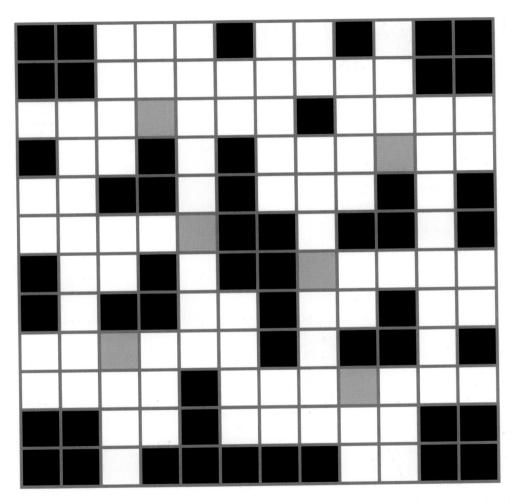

OBJECTIF : Entrer dans le dédale, passer par toutes les cases bleues et sortir du dédale.

RÈGLES : Il est permis de rebrousser chemin. Avancer en ligne droite, à moins d'être contraint à un virage.

Droite 16

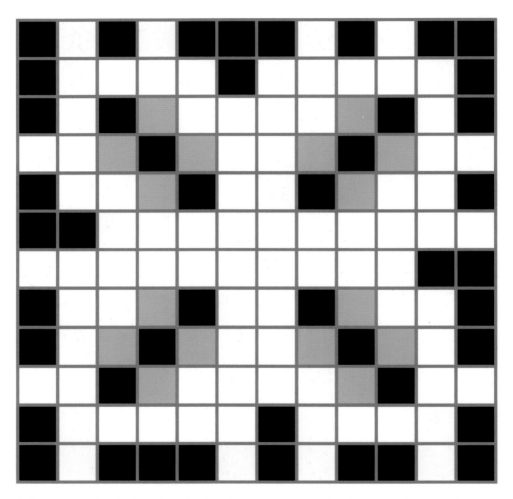

OBJECTIF : Entrer dans le dédale, passer par toutes les cases bleues et sortir du dédale

RÈGLES : Il est permis de rebrousser chemin. Avancer en ligne droite, à moins d'être contraint à un virage.

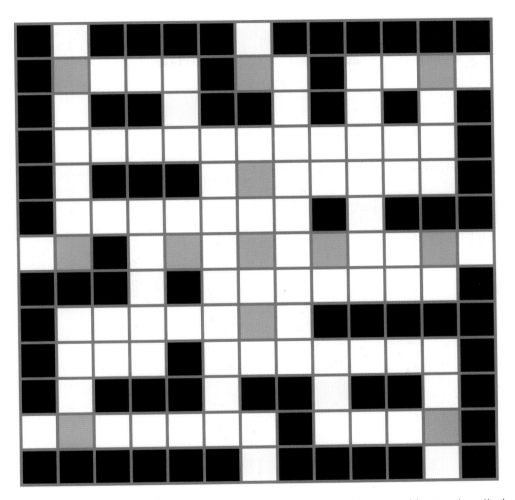

OBJECTIF : Entrer dans le dédale, passer par toutes les cases bleues et sortir du dédale.

RÈGLES : Il est permis de rebrousser chemin. Avancer en ligne droite, à moins d'être contraint à un virage.

43

Droite 18

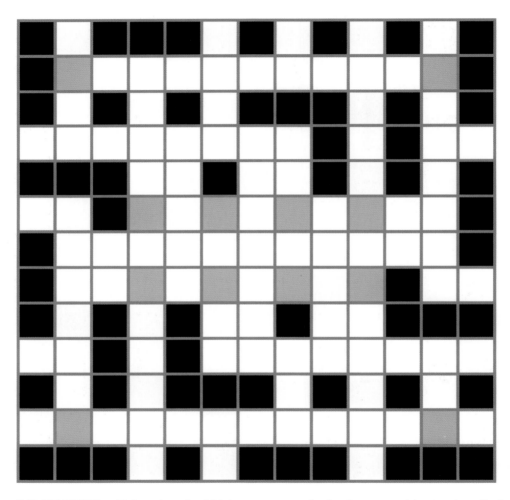

OBJECTIF : Entrer dans le dédale, passer par toutes les cases bleues et sortir du dédale

RÈGLES : Il est permis de rebrousser chemin. Avancer en ligne droite, à moins d'être contraint à un virage.

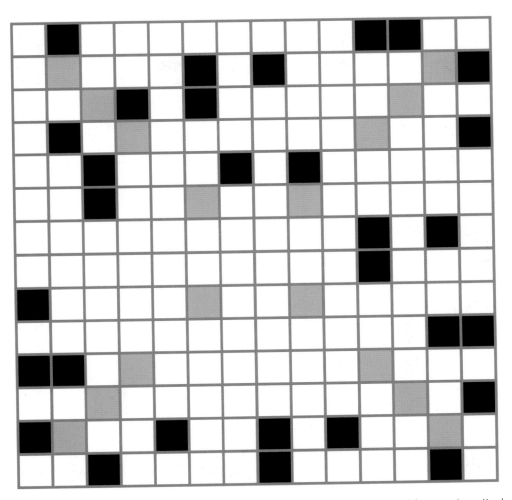

OBJECTIF : Entrer dans le dédale, passer par toutes les cases bleues et sortir du dédale.

RÈGLES : Il est permis de rebrousser chemin. Avancer en ligne droite, à moins d'être contraint à un virage.

Droite 20

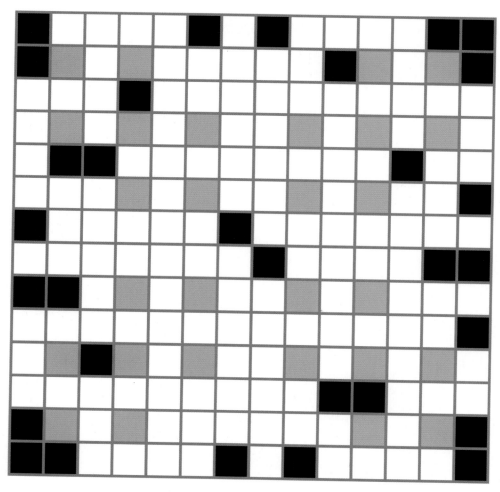

OBJECTIF : Entrer dans le dédale, passer par toutes les cases bleues et sortir du dédale.
RÈGLES : Il est permis de rebrousser chemin. Avancer en ligne droite, à moins d'être contraint à un virage.

46

SECTION 3
Courbes

OBJECTIF : Pénétrer dans le dédale par l'une ou l'autre des entrées, passer par tous les cercles jaunes et sortir du dédale.

RÈGLES : Il est permis de rebrousser chemin. La trajectoire doit être fluide – il est interdit d'effectuer un virage serré, soit en angle de 90° et plus. Par exemple, à un carrefour formé de deux voies qui se recoupent en formant une croix; un virage à ce carrefour est interdit, car les voies tracent des angles de 90°.

INDICES : Quelques solutions empruntent deux fois les mêmes voies. Une solution emprunte trois fois la même trajectoire. La trajectoire gagnante fonctionne dans l'un et l'autre des sens. Essayer de déduire quels sont les deux points d'accès de chaque dédale. Il arrive parfois que l'on passe par un cercle jaune à l'entrée ou à la sortie du dédale.

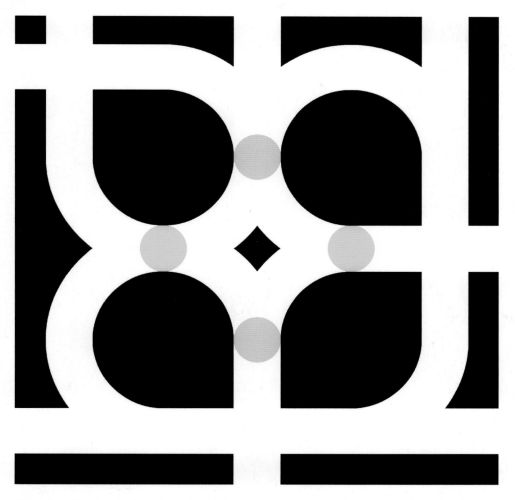

OBJECTIF : Entrer dans le dédale, passer par tous les cercles jaunes et ressortir.
RÈGLES: Il est permis de rebrousser chemin. La trajectoire doit être fluide – les virages serrés sont interdits.

Courbe 2

OBJECTIF : Entrer dans le dédale, passer par tous les cercles jaunes et ressortir.
RÈGLES: Il est permis de rebrousser chemin. La trajectoire doit être fluide – les virages serrés sont interdits.

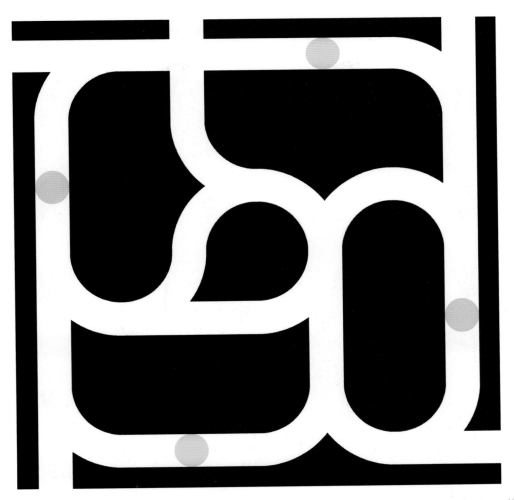

OBJECTIF : Entrer dans le dédale, passer par tous les cercles jaunes et ressortir.
RÈGLES : Il est permis de rebrousser chemin. La trajectoire doit être fluide — les virages serrés sont interdits.

Courbe 4

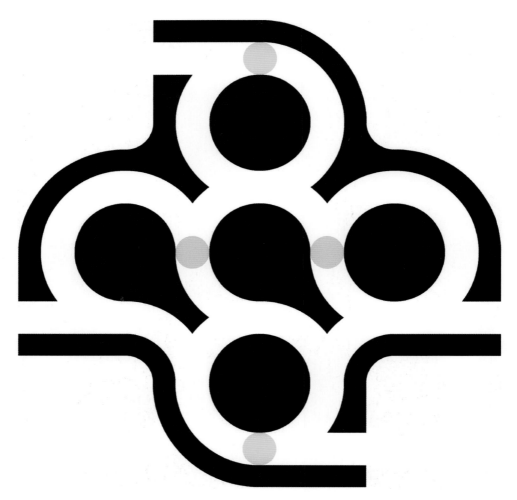

OBJECTIF : Entrer dans le dédale, passer par tous les cercles jaunes et ressortir.

RÈGLES: Il est permis de rebrousser chemin. La trajectoire doit être fluide − les virages serrés sont interdits.

OBJECTIF : Entrer dans le dédale, passer par tous les cercles jaunes et ressortir.
RÈGLES: Il est permis de rebrousser chemin. La trajectoire doit être fluide – les virages serrés sont interdits.

Courbe 6

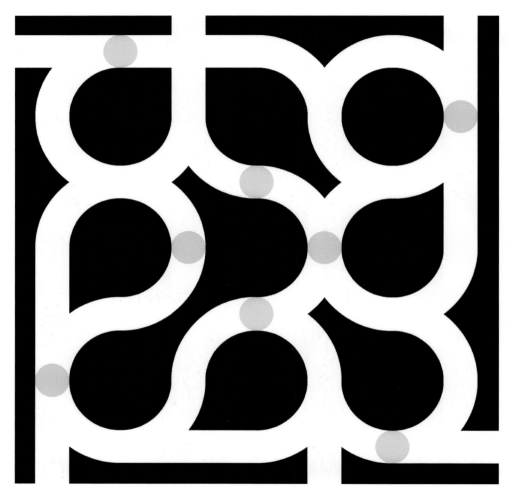

OBJECTIF : Entrer dans le dédale, passer par tous les cercles jaunes et ressortir.
RÈGLES: Il est permis de rebrousser chemin. La trajectoire doit être fluide – les virages serrés sont interdits.

OBJECTIF : Entrer dans le dédale, passer par tous les cercles jaunes et ressortir.
RÈGLES: Il est permis de rebrousser chemin. La trajectoire doit être fluide – les virages serrés sont interdits.

Courbe 8

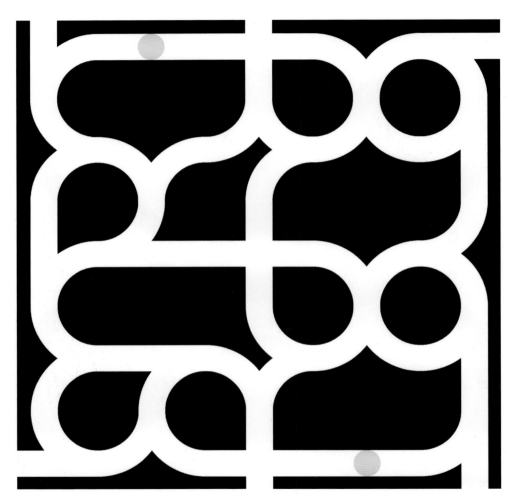

OBJECTIF : Entrer dans le dédale, passer par tous les cercles jaunes et ressortir.
RÈGLES: Il est permis de rebrousser chemin. La trajectoire doit être fluide – les virages serrés sont interdits.

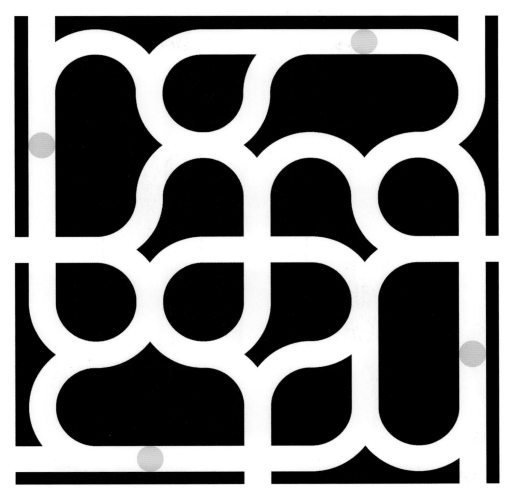

OBJECTIF : Entrer dans le dédale, passer par tous les cercles jaunes et ressortir.
RÈGLES: Il est permis de rebrousser chemin. La trajectoire doit être fluide – les virages serrés sont interdits.

Courbe 10

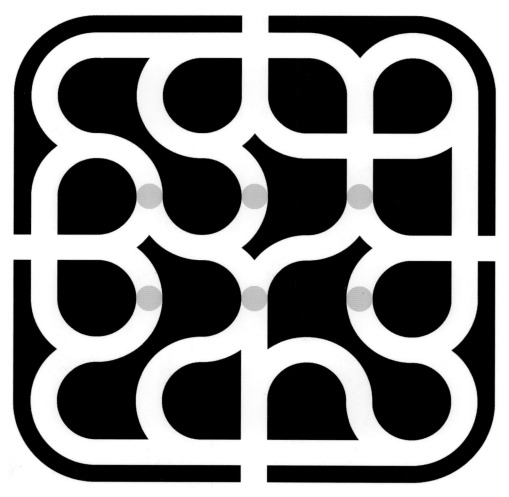

OBJECTIF : Entrer dans le dédale, passer par tous les cercles jaunes et ressortir.
RÈGLES: Il est permis de rebrousser chemin. La trajectoire doit être fluide – les virages serrés sont interdits.

OBJECTIF : Entrer dans le dédale, passer par tous les cercles jaunes et ressortir.
RÈGLES: Il est permis de rebrousser chemin. La trajectoire doit être fluide − les virages serrés sont interdits.

Courbe 12

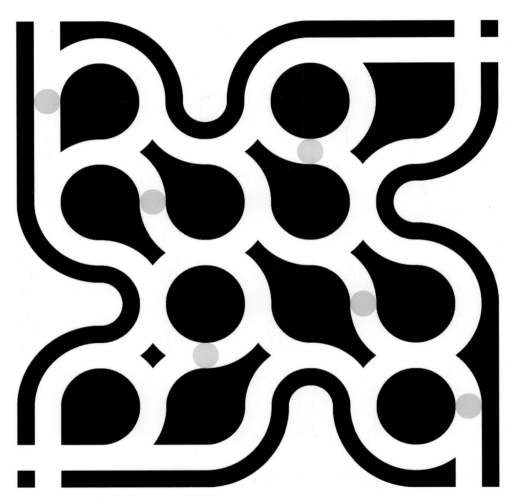

OBJECTIF : Entrer dans le dédale, passer par tous les cercles jaunes et ressortir.

RÈGLES: Il est permis de rebrousser chemin. La trajectoire doit être fluide – les virages serrés sont interdits.

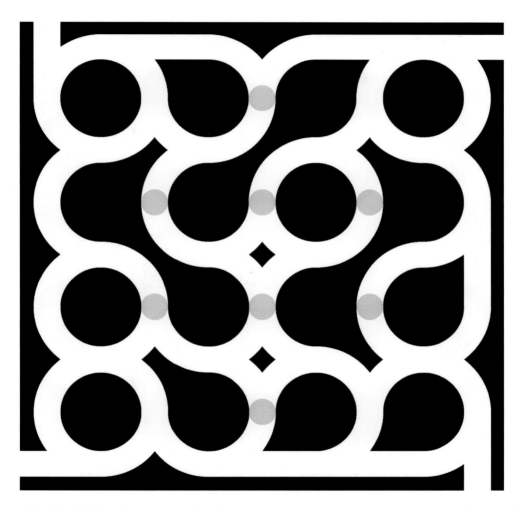

Courbe 13

OBJECTIF : Entrer dans le dédale, passer par tous les cercles jaunes et ressortir.
RÈGLES : Il est permis de rebrousser chemin. La trajectoire doit être fluide – les virages serrés sont interdits.

Courbe 14

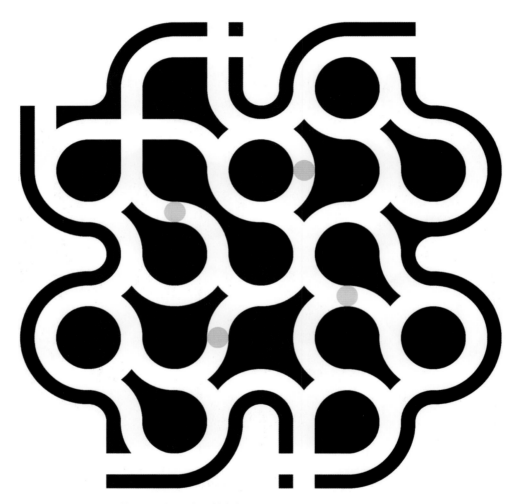

OBJECTIF : Entrer dans le dédale, passer par tous les cercles jaunes et ressortir.

RÈGLES : Il est permis de rebrousser chemin. La trajectoire doit être fluide — les virages serrés sont interdits.

OBJECTIF : Entrer dans le dédale, passer par tous les cercles jaunes et ressortir.
RÈGLES : Il est permis de rebrousser chemin. La trajectoire doit être fluide – les virages serrés sont interdits.

Courbe 16

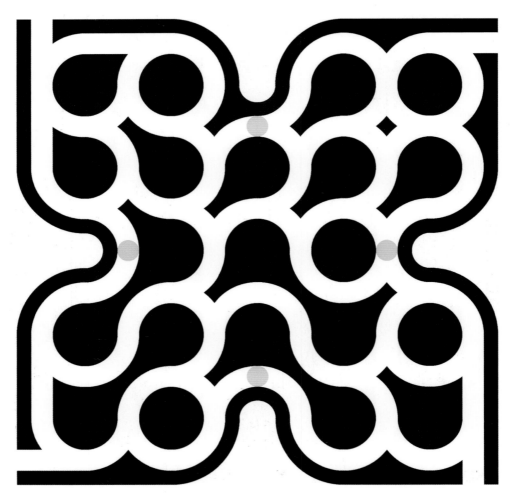

OBJECTIF : Entrer dans le dédale, passer par tous les cercles jaunes et ressortir.
RÈGLES : Il est permis de rebrousser chemin. La trajectoire doit être fluide – les virages serrés sont interdits.

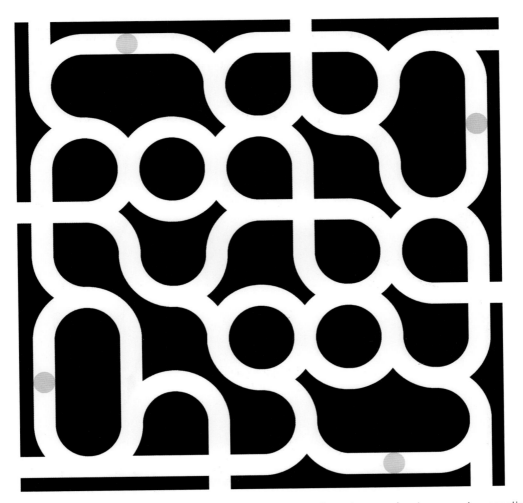

OBJECTIF : Entrer dans le dédale, passer par tous les cercles jaunes et ressortir.
RÈGLES: Il est permis de rebrousser chemin. La trajectoire doit être fluide – les virages
serrés sont interdits.

Courbe 18

OBJECTIF : Entrer dans le dédale, passer par tous les cercles jaunes et ressortir.
RÈGLES: Il est permis de rebrousser chemin. La trajectoire doit être fluide – les virages
serrés sont interdits.

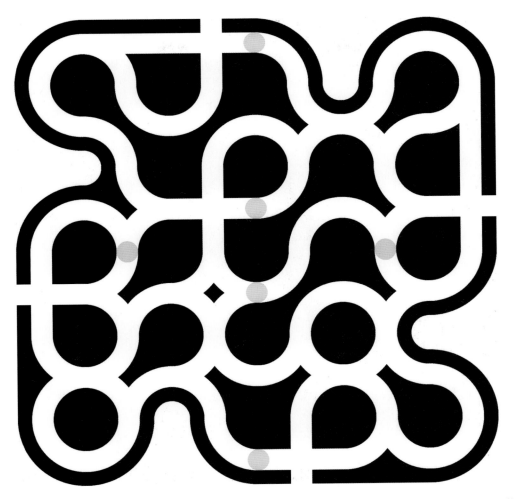

OBJECTIF : Entrer dans le dédale, passer par tous les cercles jaunes et ressortir.

RÈGLES : Il est permis de rebrousser chemin. La trajectoire doit être fluide – les virages serrés sont interdits.

Courbe 20

OBJECTIF : Entrer dans le dédale, passer par tous les cercles jaunes et ressortir.

RÈGLES: Il est permis de rebrousser chemin. La trajectoire doit être fluide – les virages serrés sont interdits.

SECTION 4
Virages

OBJECTIF : Entrer par la face inférieure du dédale et sortir par la face supérieure.

RÈGLES : Il est permis de rebrousser chemin. En passant par un carré rouge, effectuer sans tarder un virage à droite. En passant par un carré bleu, effectuer sans tarder un virage à gauche. En passant par un carré jaune, continuer tout droit. Il est interdit d'effectuer un virage en U à l'intérieur d'un couloir. Lorsque contraint de sortir du dédale par une sortie latérale, recommencer depuis le début. Les virages renvoient au point de vue de la trajectoire qui se poursuit. Par exemple, si la trajectoire s'oriente vers le bas de la page et pénètre un carré rouge par sa face supérieure, elle devrait effectuer un virage à droite, ce qui signifie qu'elle s'orientera vers le côté gauche de la page.

INDICES : Envisager le dédale à la manière d'un bolide imaginaire qui suivrait une carte routière pour ne pas vous tromper au moment d'effectuer les virages. Passer par quelques carrés de couleur à un minimum de trois reprises et refaire certains parcours à deux reprises.

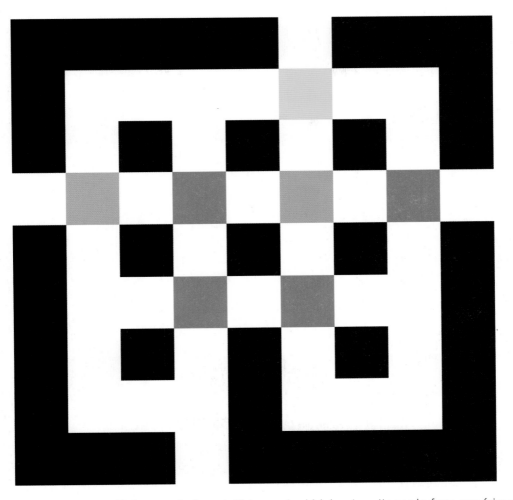

OBJECTIF : Entrer par la face inférieure du dédale et sortir par la face supérieure.
RÈGLES : Il est permis de rebrousser chemin. Virer à droite à un carré rouge,
à gauche à un carré bleu et continuer tout droit à un carré jaune.

Virages 2

OBJECTIF : Entrer par la face inférieure du dédale et sortir par la face supérieure.
RÈGLES : Il est permis de rebrousser chemin. Virer à droite à un carré rouge,
à gauche à un carré bleu et continuer tout droit à un carré jaune.

Virages 3

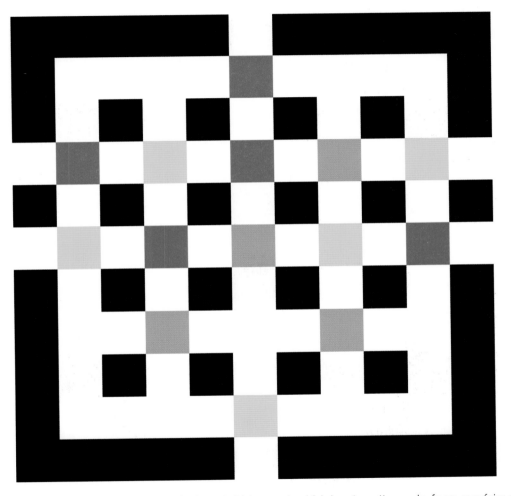

OBJECTIF : Entrer par la face inférieure du dédale et sortir par la face supérieure.

RÈGLES : Il est permis de rebrousser chemin. Virer à droite à un carré rouge, à gauche à un carré bleu et continuer tout droit à un carré jaune.

Virages 4

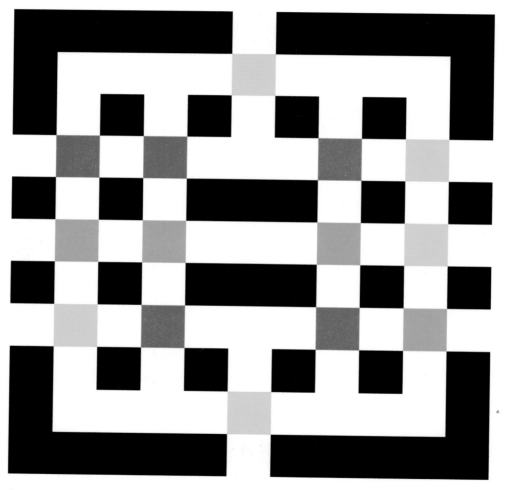

OBJECTIF : Entrer par la face inférieure du dédale et sortir par la face supérieure.
RÈGLES : Il est permis de rebrousser chemin. Virer à droite à un carré rouge, à gauche à un carré bleu et continuer tout droit à un carré jaune.

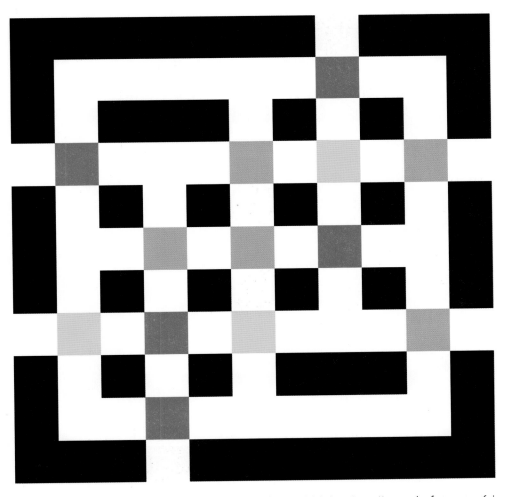

OBJECTIF : Entrer par la face inférieure du dédale et sortir par la face supérieure.
RÈGLES : Il est permis de rebrousser chemin. Virer à droite à un carré rouge,
à gauche à un carré bleu et continuer tout droit à un carré jaune.

Virages 6

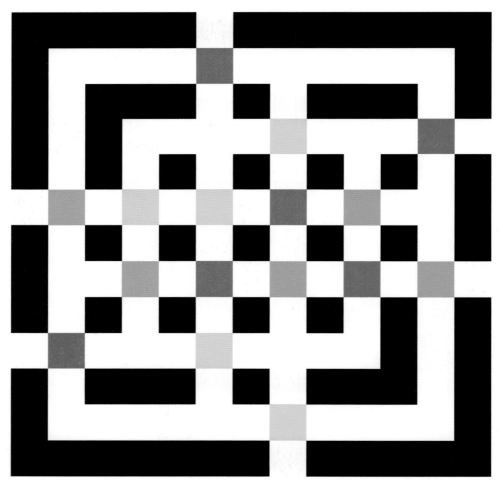

OBJECTIF : Entrer par la face inférieure du dédale et sortir par la face supérieure.
RÈGLES : Il est permis de rebrousser chemin. Virer à droite à un carré rouge, à gauche à un carré bleu et continuer tout droit à un carré jaune.

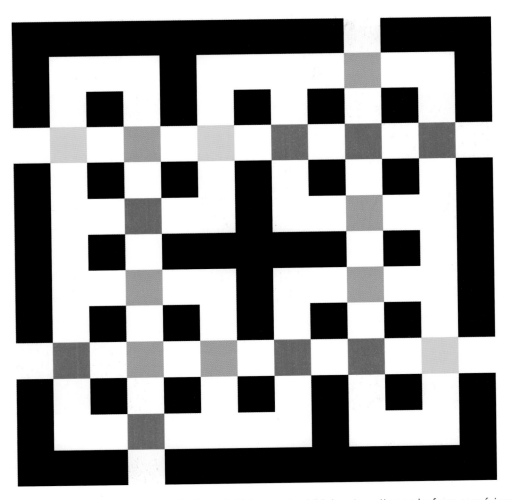

OBJECTIF : Entrer par la face inférieure du dédale et sortir par la face supérieure.

RÈGLES : Il est permis de rebrousser chemin. Virer à droite à un carré rouge, à gauche à un carré bleu et continuer tout droit à un carré jaune.

Virages 8

OBJECTIF : Entrer par la face inférieure du dédale et sortir par la face supérieure.
RÈGLES : Il est permis de rebrousser chemin. Virer à droite à un carré rouge,
à gauche à un carré bleu et continuer tout droit à un carré jaune.

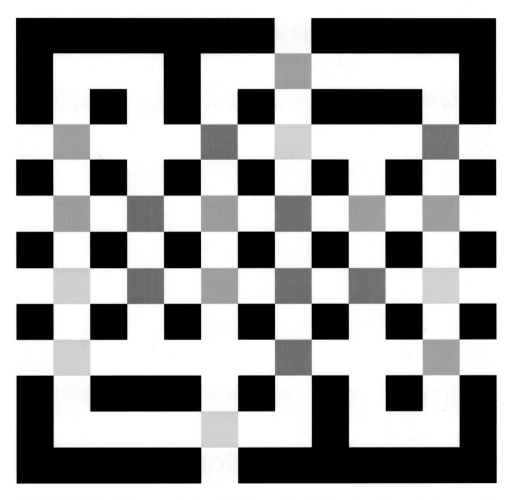

OBJECTIF : Entrer par la face inférieure du dédale et sortir par la face supérieure.
RÈGLES : Il est permis de rebrousser chemin. Virer à droite à un carré rouge,
à gauche à un carré bleu et continuer tout droit à un carré jaune.

Virages 10

OBJECTIF : Entrer par la face inférieure du dédale et sortir par la face supérieure.

RÈGLES : Il est permis de rebrousser chemin. Virer à droite à un carré rouge, à gauche à un carré bleu et continuer tout droit à un carré jaune.

OBJECTIF : Entrer par la face inférieure du dédale et sortir par la face supérieure.
RÈGLES : Il est permis de rebrousser chemin. Virer à droite à un carré rouge,
à gauche à un carré bleu et continuer tout droit à un carré jaune.

Virages 12

OBJECTIF : Entrer par la face inférieure du dédale et sortir par la face supérieure.
RÈGLES : Il est permis de rebrousser chemin. Virer à droite à un carré rouge,
à gauche à un carré bleu et continuer tout droit à un carré jaune.

Virages 13

OBJECTIF : Entrer par la face inférieure du dédale et sortir par la face supérieure.

RÈGLES : Il est permis de rebrousser chemin. Virer à droite à un carré rouge, à gauche à un carré bleu et continuer tout droit à un carré jaune.

Virages 14

OBJECTIF : Entrer par la face inférieure du dédale et sortir par la face supérieure.
RÈGLES : Il est permis de rebrousser chemin. Virer à droite à un carré rouge, à gauche à un carré bleu et continuer tout droit à un carré jaune.

OBJECTIF : Entrer par la face inférieure du dédale et sortir par la face supérieure.

RÈGLES : Il est permis de rebrousser chemin. Virer à droite à un carré rouge, à gauche à un carré bleu et continuer tout droit à un carré jaune.

Virages 16

OBJECTIF : Entrer par la face inférieure du dédale et sortir par la face supérieure.
RÈGLES : Il est permis de rebrousser chemin. Virer à droite à un carré rouge, à gauche à un carré bleu et continuer tout droit à un carré jaune.

86

OBJECTIF : Entrer par la face inférieure du dédale et sortir par la face supérieure.

RÈGLES : Il est permis de rebrousser chemin. Virer à droite à un carré rouge, à gauche à un carré bleu et continuer tout droit à un carré jaune.

Virages 18

OBJECTIF : Entrer par la face inférieure du dédale et sortir par la face supérieure.

RÈGLES : Il est permis de rebrousser chemin. Virer à droite à un carré rouge, à gauche à un carré bleu et continuer tout droit à un carré jaune.

OBJECTIF : Entrer par la face inférieure du dédale et sortir par la face supérieure.

RÈGLES : Il est permis de rebrousser chemin. Virer à droite à un carré rouge, à gauche à un carré bleu et continuer tout droit à un carré jaune.

89

Virages 20

OBJECTIF : Entrer par la face inférieure du dédale et sortir par la face supérieure.
RÈGLES : Il est permis de rebrousser chemin. Virer à droite à un carré rouge,
à gauche à un carré bleu et continuer tout droit à un carré jaune.

Séquence A

OBJECTIF : Pénétrer dans le dédale par l'une ou l'autre des entrées, passer par tous les carrés de couleur et sortir du dédale.

RÈGLES : Il est interdit de rebrousser chemin. Si le dédale ne comporte que des carrés jaunes, passer dans n'importe quel ordre. Si le dédale compte des carrés rouges et bleus, alterner une couleur avec une autre. Autrement dit, il est interdit de passer par deux carrés rouges ou deux carrés bleus de suite.

INDICES : S'il n'existe qu'une façon d'entrer et de sortir d'un carré de couleur, prendre note que ce segment de la trajectoire constitue un élément de la solution. Élaborer vos solutions en vous appuyant sur le raisonnement déductif.

OBJECTIF : Entrer dans le dédale, passer par tous les carrés jaunes et sortir.

RÈGLES : Il est interdit de rebrousser chemin.

Séquence A 2

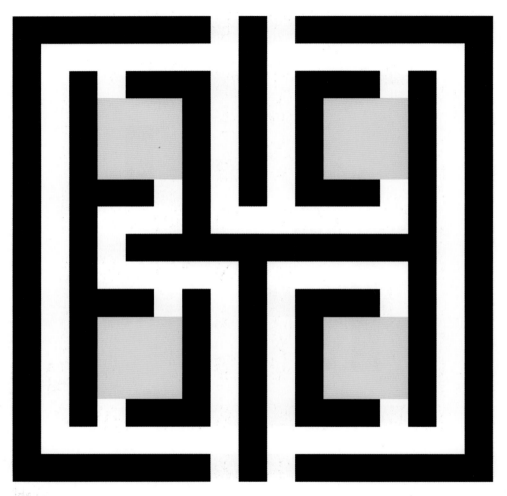

OBJECTIF : Entrer dans le dédale, passer par tous les carrés jaunes et sortir.

RÈGLES : Il est interdit de rebrousser chemin.

OBJECTIF : Entrer dans le dédale, passer par tous les carrés jaunes et sortir.
RÈGLES : Il est interdit de rebrousser chemin.

Séquence A 4

OBJECTIF : Entrer dans le dédale, passer par tous les carrés jaunes et sortir.

RÈGLES : Il est interdit de rebrousser chemin.

OBJECTIF : Entrer dans le dédale, passer par tous les carrés jaunes et sortir.
RÈGLES : Il est interdit de rebrousser chemin.

Séquence A 6

OBJECTIF : Entrer dans le dédale, passer par tous les carrés jaunes et sortir.

RÈGLES : Il est interdit de rebrousser chemin.

OBJECTIF : Entrer dans le dédale, passer par tous les carrés jaunes et sortir.
RÈGLES : Il est interdit de rebrousser chemin.

Séquence A 8

OBJECTIF : Entrer dans le dédale, passer par tous les carrés jaunes et sortir.

RÈGLES : Il est interdit de rebrousser chemin.

OBJECTIF : Entrer dans le dédale, passer par tous les carrés jaunes et sortir.
RÈGLES : Il est interdit de rebrousser chemin.

Séquence A 10

OBJECTIF : Entrer dans le dédale, passer par tous les carrés jaunes et sortir.
RÈGLES : Il est interdit de rebrousser chemin.

OBJECTIF : Entrer dans le dédale, passer par tous les carrés de couleur et sortir.
RÈGLES : Il est interdit de rebrousser chemin. Alterner un carré rouge avec un carré bleu.

Séquence A 12

OBJECTIF : Entrer dans le dédale, passer par tous les carrés de couleur et sortir.
RÈGLES : Il est interdit de rebrousser chemin. Alterner un carré rouge avec un carré bleu.

OBJECTIF : Entrer dans le dédale, passer par tous les carrés de couleur et sortir.

RÈGLES : Il est interdit de rebrousser chemin. Alterner un carré rouge avec un carré bleu.

Séquence A 14

OBJECTIF : Entrer dans le dédale, passer par tous les carrés de couleur et sortir.
RÈGLES : Il est interdit de rebrousser chemin. Alterner un carré rouge avec un carré bleu.

OBJECTIF : Entrer dans le dédale, passer par tous les carrés de couleur et sortir.

RÈGLES : Il est interdit de rebrousser chemin. Alterner un carré rouge avec un carré bleu.

Séquence A 16

OBJECTIF : Entrer dans le dédale, passer par tous les carrés de couleur et sortir.

RÈGLES : Il est interdit de rebrousser chemin. Alterner un carré rouge avec un carré bleu.

OBJECTIF : Entrer dans le dédale, passer par tous les carrés de couleur et sortir.
RÈGLES : Il est interdit de rebrousser chemin. Alterner un carré rouge avec un carré bleu.

Séquence A 18

OBJECTIF : Entrer dans le dédale, passer par tous les carrés de couleur et sortir.
RÈGLES : Il est interdit de rebrousser chemin. Alterner un carré rouge avec
un carré bleu.

OBJECTIF : Entrer dans le dédale, passer par tous les carrés de couleur et sortir.

RÈGLES : Il est interdit de rebrousser chemin. Alterner un carré rouge avec un carré bleu.

Séquence A 20

OBJECTIF : Entrer dans le dédale, passer par tous les carrés de couleur et sortir.
RÈGLES : Il est interdit de rebrousser chemin. Alterner un carré rouge avec un carré bleu.

Séquence B

OBJECTIF : Pénétrer dans le dédale par l'une ou l'autre des entrées, passer par tous les carrés de couleur et sortir du dédale.

RÈGLES : Il est interdit de rebrousser chemin. Passer par les carrés de couleur en respectant l'ordre suivant : rouge, bleu, jaune.

INDICES : Appliquer le même raisonnement que pour la séquence A. En vertu de l'obligation qui vous est faite de passer par les carrés de couleur en respectant la séquence donnée, vous serez tenu, si vous tentez de résoudre le problème à l'envers, de respecter l'ordre suivant : jaune, bleu, rouge. La dernière case de couleur que vous franchirez avant de sortir du dédale sera toujours jaune.

OBJECTIF : Entrer dans le dédale, passer par tous les carrés de couleur et sortir.

RÈGLES : Il est interdit de rebrousser chemin. Passer par les carrés de couleur en respectant l'ordre suivant : rouge, bleu, jaune.

Séquence B 2

OBJECTIF : Entrer dans le dédale, passer par tous les carrés de couleur et sortir.
RÈGLES : Il est interdit de rebrousser chemin. Passer par les carrés de couleur en respectant l'ordre suivant : rouge, bleu, jaune.

OBJECTIF : Entrer dans le dédale, passer par tous les carrés de couleur et sortir.
RÈGLES : Il est interdit de rebrousser chemin. Passer par les carrés de couleur en
respectant l'ordre suivant : rouge, bleu, jaune.

Séquence B 4

OBJECTIF : Entrer dans le dédale, passer par tous les carrés de couleur et sortir.
RÈGLES : Il est interdit de rebrousser chemin. Passer par les carrés de couleur en respectant l'ordre suivant : rouge, bleu, jaune.

OBJECTIF : Entrer dans le dédale, passer par tous les carrés de couleur et sortir.
RÈGLES : Il est interdit de rebrousser chemin. Passer par les carrés de couleur en
respectant l'ordre suivant : rouge, bleu, jaune.

Séquence B 6

OBJECTIF : Entrer dans le dédale, passer par tous les carrés de couleur et sortir.
RÈGLES : Il est interdit de rebrousser chemin. Passer par les carrés de couleur en respectant l'ordre suivant : rouge, bleu, jaune.

OBJECTIF : Entrer dans le dédale, passer par tous les carrés de couleur et sortir.

RÈGLES : Il est interdit de rebrousser chemin. Passer par les carrés de couleur en respectant l'ordre suivant : rouge, bleu, jaune.

Séquence B 8

OBJECTIF : Entrer dans le dédale, passer par tous les carrés de couleur et sortir.
RÈGLES : Il est interdit de rebrousser chemin. Passer par les carrés de couleur en respectant l'ordre suivant : rouge, bleu, jaune.

OBJECTIF : Entrer dans le dédale, passer par tous les carrés de couleur et sortir.

RÈGLES : Il est interdit de rebrousser chemin. Passer par les carrés de couleur en respectant l'ordre suivant : rouge, bleu, jaune.

Séquence B 10

OBJECTIF : Entrer dans le dédale, passer par tous les carrés de couleur et sortir.
RÈGLES : Il est interdit de rebrousser chemin. Passer par les carrés de couleur en
respectant l'ordre suivant : rouge, bleu, jaune.

OBJECTIF : Entrer dans le dédale, passer par tous les carrés de couleur et sortir.
RÈGLES : Il est interdit de rebrousser chemin. Passer par les carrés de couleur en respectant l'ordre suivant : rouge, bleu, jaune.

Séquence B 12

OBJECTIF : Entrer dans le dédale, passer par tous les carrés de couleur et sortir.

RÈGLES : Il est interdit de rebrousser chemin. Passer par les carrés de couleur en respectant l'ordre suivant : rouge, bleu, jaune.

OBJECTIF : Entrer dans le dédale, passer par tous les carrés de couleur et sortir.
RÈGLES : Il est interdit de rebrousser chemin. Passer par les carrés de couleur en respectant l'ordre suivant : rouge, bleu, jaune.

Séquence B 14

OBJECTIF : Entrer dans le dédale, passer par tous les carrés de couleur et sortir.

RÈGLES : Il est interdit de rebrousser chemin. Passer par les carrés de couleur en respectant l'ordre suivant : rouge, bleu, jaune.

OBJECTIF : Entrer dans le dédale, passer par tous les carrés de couleur et sortir.

RÈGLES : Il est interdit de rebrousser chemin. Passer par les carrés de couleur en respectant l'ordre suivant : rouge, bleu, jaune.

Séquence B 16

OBJECTIF : Entrer dans le dédale, passer par tous les carrés de couleur et sortir.

RÈGLES : Il est interdit de rebrousser chemin. Passer par les carrés de couleur en respectant l'ordre suivant : rouge, bleu, jaune.

OBJECTIF : Entrer dans le dédale, passer par tous les carrés de couleur et sortir.
RÈGLES : Il est interdit de rebrousser chemin. Passer par les carrés de couleur en respectant l'ordre suivant : rouge, bleu, jaune.

Séquence B 18

OBJECTIF : Entrer dans le dédale, passer par tous les carrés de couleur et sortir.
RÈGLES : Il est interdit de rebrousser chemin. Passer par les carrés de couleur en respectant l'ordre suivant : rouge, bleu, jaune.

OBJECTIF : Entrer dans le dédale, passer par tous les carrés de couleur et sortir.
RÈGLES : Il est interdit de rebrousser chemin. Passer par les carrés de couleur en respectant l'ordre suivant : rouge, bleu, jaune.

133

Séquence B 20

OBJECTIF : Entrer dans le dédale, passer par tous les carrés de couleur et sortir.
RÈGLES : Il est interdit de rebrousser chemin. Passer par les carrés de couleur en respectant l'ordre suivant : rouge, bleu, jaune.

134

Deux de suite

OBJECTIF : Pénétrer dans le dédale par l'une ou l'autre des entrées, passer par tous les carrés de couleur à une seule reprise et sortir du dédale.

RÈGLES : Il est interdit de rebrousser chemin et de passer plus de deux fois sur des carrés d'une même couleur. Par exemple, si les deux derniers carrés par lesquels vous êtes passé étaient rouges, le carré suivant ne peut être rouge.

INDICES : Il est parfois impossible de sortir du dédale en empruntant un couloir diagonal, et ce, peu importe la couleur des carrés.

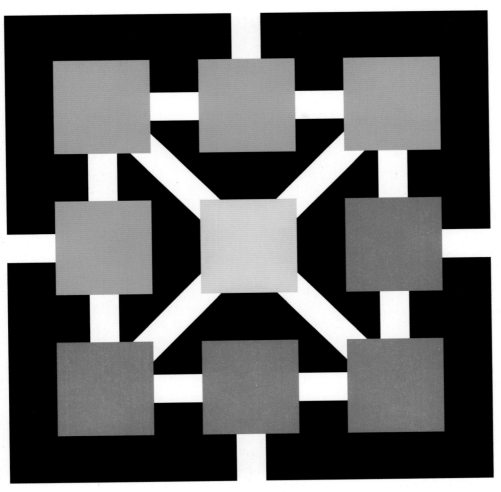

OBJECTIF : Entrer dans le dédale, passer par tous les carrés une seule fois et sortir.
RÈGLES : Il est interdit de rebrousser chemin et de passer trois fois de suite par des carrés d'une même couleur.

137

Deux de suite 2

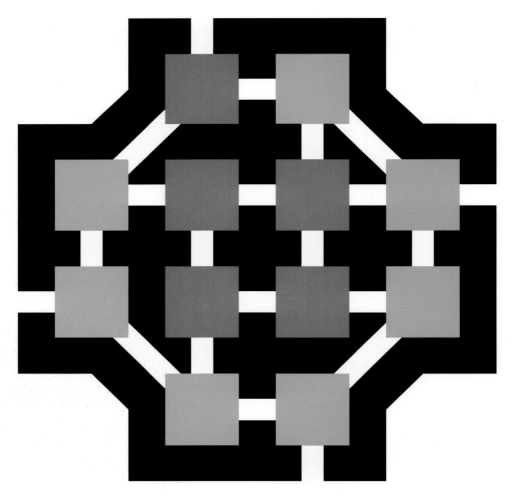

OBJECTIF : Entrer dans le dédale, passer par tous les carrés une seule fois et sortir.
RÈGLES : Il est interdit de rebrousser chemin et de passer trois fois de suite par des carrés d'une même couleur.

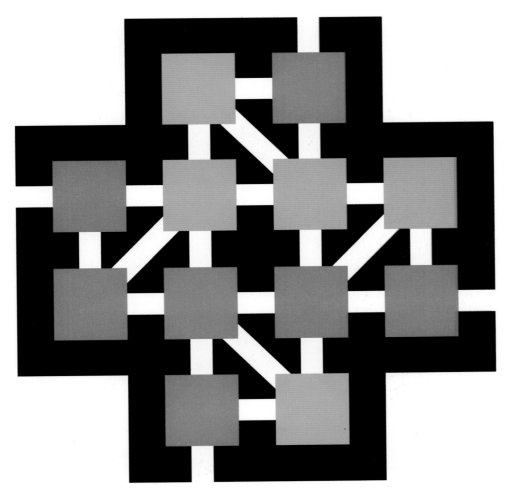

OBJECTIF : Entrer dans le dédale, passer par tous les carrés une seule fois et sortir.
RÈGLES : Il est interdit de rebrousser chemin et de passer trois fois de suite par des carrés d'une même couleur.

139

Deux de suite 4

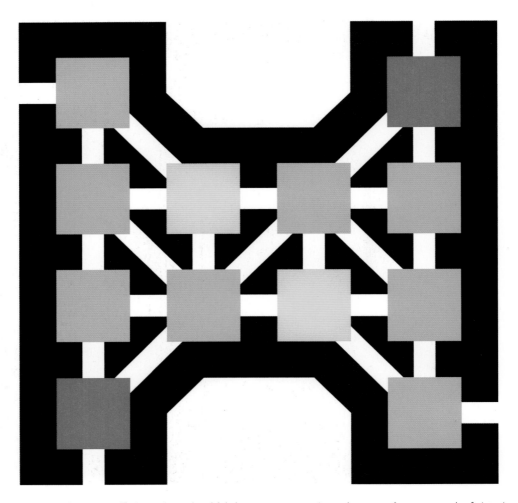

OBJECTIF : Entrer dans le dédale, passer par tous les carrés une seule fois et sortir.
RÈGLES : Il est interdit de rebrousser chemin et de passer trois fois de suite par des carrés d'une même couleur.

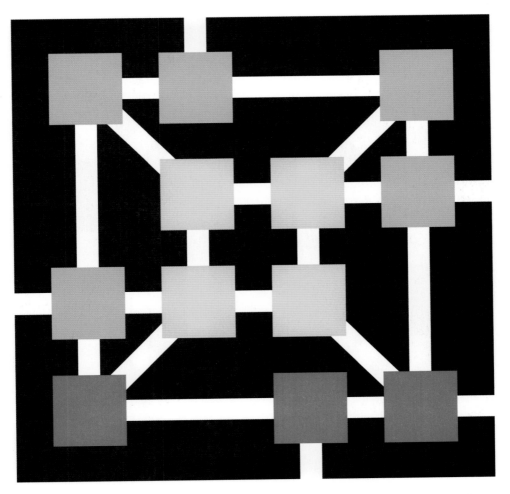

OBJECTIF : Entrer dans le dédale, passer par tous les carrés une seule fois et sortir.
RÈGLES : Il est interdit de rebrousser chemin et de passer trois fois de suite par des carrés d'une même couleur.

Deux de suite 6

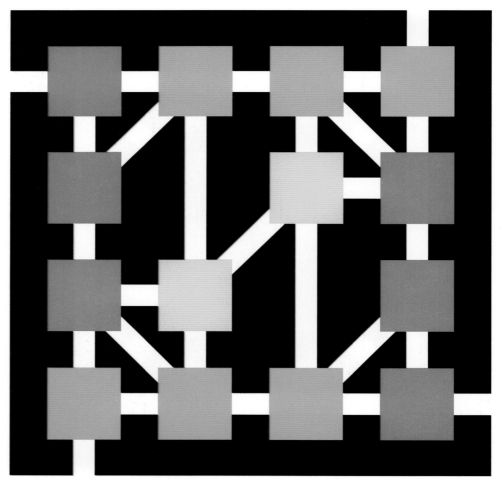

OBJECTIF : Entrer dans le dédale, passer par tous les carrés une seule fois et sortir.

RÈGLES : Il est interdit de rebrousser chemin et de passer trois fois de suite par des carrés d'une même couleur.

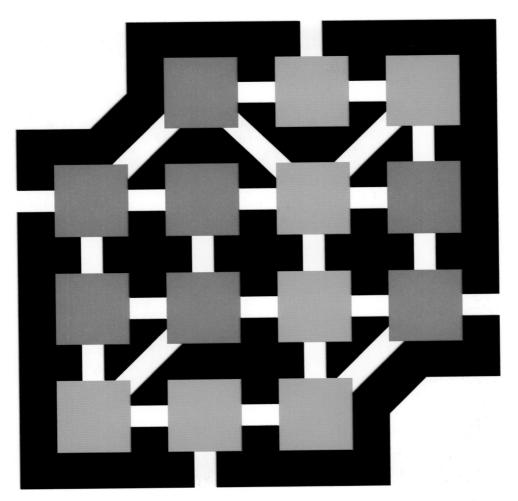

OBJECTIF : Entrer dans le dédale, passer par tous les carrés une seule fois et sortir.
RÈGLES : Il est interdit de rebrousser chemin et de passer trois fois de suite par des carrés d'une même couleur.

143

Deux de suite 8

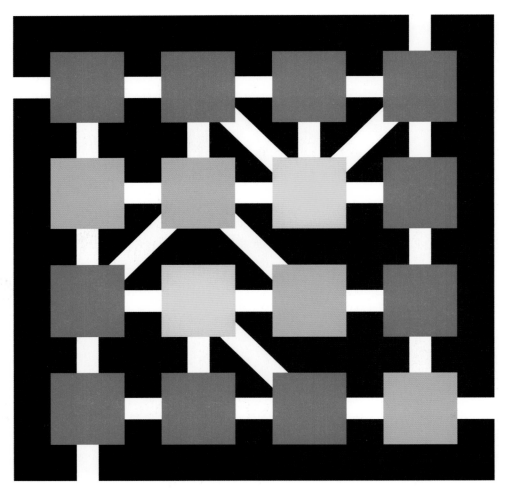

OBJECTIF : Entrer dans le dédale, passer par tous les carrés une seule fois et sortir.
RÈGLES : Il est interdit de rebrousser chemin et de passer trois fois de suite par des carrés d'une même couleur.

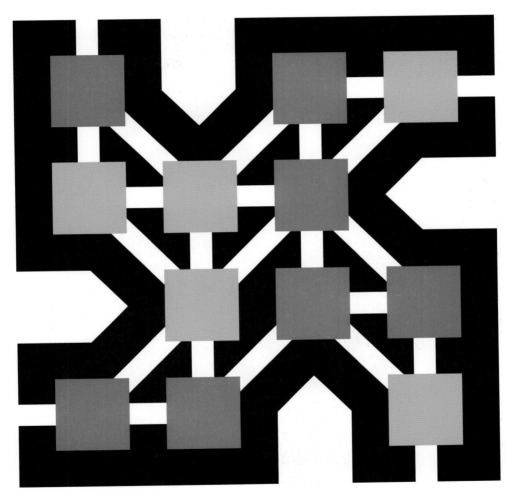

OBJECTIF : Entrer dans le dédale, passer par tous les carrés une seule fois et sortir.

RÈGLES : Il est interdit de rebrousser chemin et de passer trois fois de suite par des carrés d'une même couleur.

Deux de suite 10

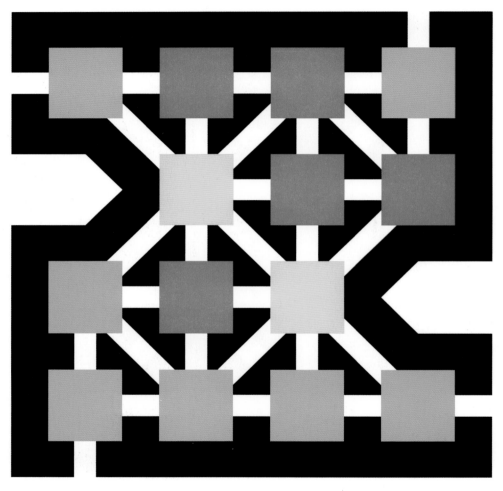

OBJECTIF : Entrer dans le dédale, passer par tous les carrés une seule fois et sortir.
RÈGLES : Il est interdit de rebrousser chemin et de passer trois fois de suite par des carrés d'une même couleur.

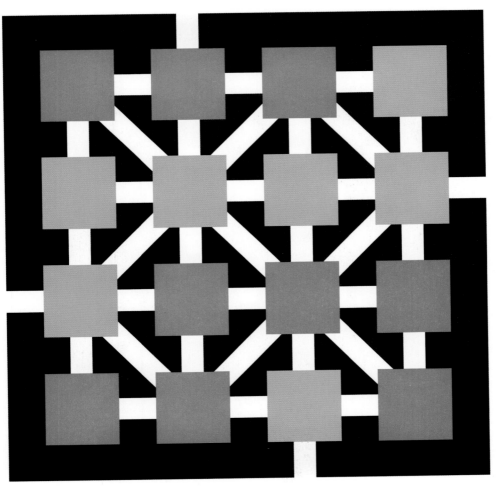

OBJECTIF : Entrer dans le dédale, passer par tous les carrés une seule fois et sortir.
RÈGLES : Il est interdit de rebrousser chemin et de passer trois fois de suite par des carrés d'une même couleur.

Deux de suite 12

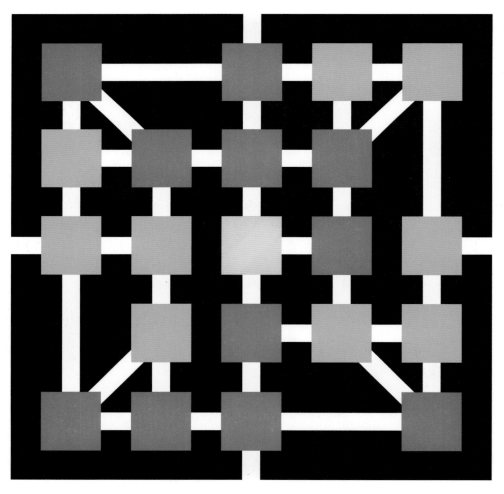

OBJECTIF : Entrer dans le dédale, passer par tous les carrés une seule fois et sortir.

RÈGLES : Il est interdit de rebrousser chemin et de passer trois fois de suite par des carrés d'une même couleur.

Deux de suite 13

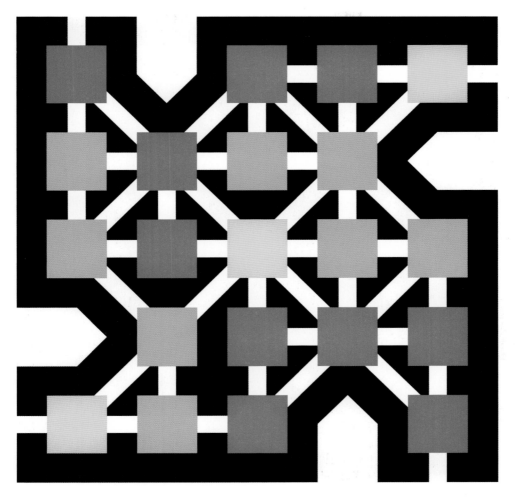

OBJECTIF : Entrer dans le dédale, passer par tous les carrés une seule fois et sortir.
RÈGLES : Il est interdit de rebrousser chemin et de passer trois fois de suite par des carrés d'une même couleur.

Deux de suite 14

OBJECTIF : Entrer dans le dédale, passer par tous les carrés une seule fois et sortir.
RÈGLES : Il est interdit de rebrousser chemin et de passer trois fois de suite par des carrés d'une même couleur.

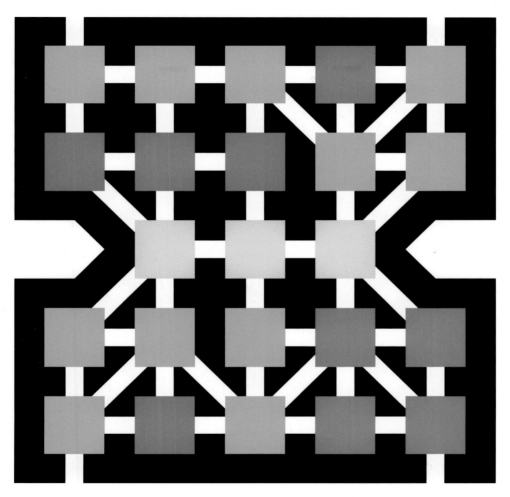

OBJECTIF : Entrer dans le dédale, passer par tous les carrés une seule fois et sortir.
RÈGLES : Il est interdit de rebrousser chemin et de passer trois fois de suite par des carrés d'une même couleur.

Deux de suite 16

OBJECTIF : Entrer dans le dédale, passer par tous les carrés une seule fois et sortir.

RÈGLES : Il est interdit de rebrousser chemin et de passer trois fois de suite par des carrés d'une même couleur.

OBJECTIF : Entrer dans le dédale, passer par tous les carrés une seule fois et sortir.

RÈGLES : Il est interdit de rebrousser chemin et de passer trois fois de suite par des carrés d'une même couleur.

153

Deux de suite 18

OBJECTIF : Entrer dans le dédale, passer par tous les carrés une seule fois et sortir.
RÈGLES : Il est interdit de rebrousser chemin et de passer trois fois de suite par des carrés d'une même couleur.

OBJECTIF : Entrer dans le dédale, passer par tous les carrés une seule fois et sortir.

RÈGLES : Il est interdit de rebrousser chemin et de passer trois fois de suite par des carrés d'une même couleur.

Deux de suite 20

OBJECTIF : Entrer dans le dédale, passer par tous les carrés une seule fois et sortir.
RÈGLES : Il est interdit de rebrousser chemin et de passer trois fois de suite par des
carrés d'une même couleur.

Boucle

OBJECTIF : Former une seule boucle avec un trait continu (à la manière d'une bande élastique qui ferait l'objet de torsions) qui passe par tous les carrés hormis les carrés noirs.

RÈGLES : Il est interdit de passer plus de une fois dans un carré. Il est permis de passer d'un carré à l'autre à condition qu'ils aient un côté en commun (autrement dit, les déplacements en diagonale sont interdits). Passer en alternance par des carrés rouges et des carrés bleus (quel que soit le nombre de carrés blancs qui les séparent).

INDICES : Il existe jusqu'à six manières différentes de passer par certains carrés alors que, pour d'autres, il n'y en a que une seule (par exemple, les quatre carrés angulaires). Les jeux regroupés dans cette section font davantage appel au raisonnement déductif que ceux des sections précédentes. Ici, le hasard seul ne vous mènera pas à la solution.

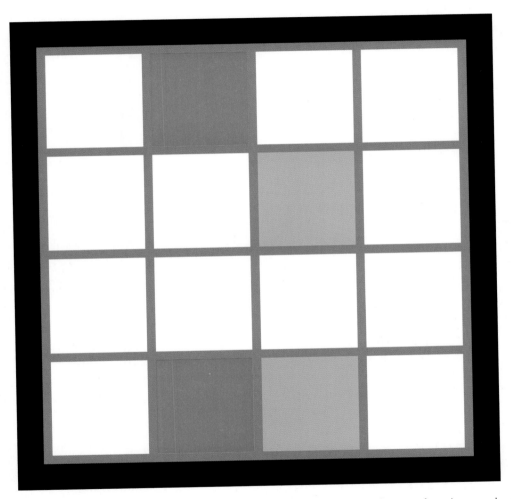

OBJECTIF : Former une boucle continue qui passe par tous les carrés qui ne sont pas noirs.
RÈGLES : Il est interdit de passer plus de une fois dans un carré. Alterner avec des carrés rouges et bleus, quel que soit le nombre de carrés blancs qui les séparent. 159

Boucle 2

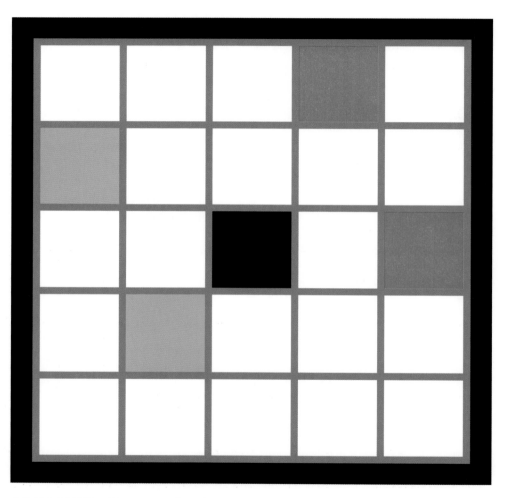

OBJECTIF : Former une boucle continue qui passe par tous les carrés qui ne sont pas noirs
RÈGLES : Il est interdit de passer plus de une fois dans un carré. Alterner avec des carré
rouges et bleus, quel que soit le nombre de carrés blancs qui les séparent.

Boucle 3

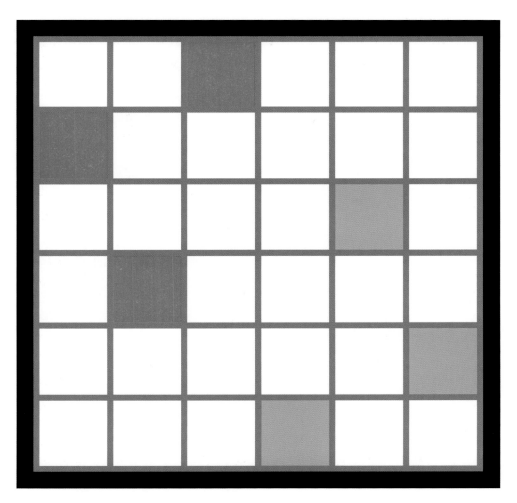

OBJECTIF : Former une boucle continue qui passe par tous les carrés qui ne sont pas noirs.
RÈGLES : Il est interdit de passer plus de une fois dans un carré. Alterner avec des carrés rouges et bleus, quel que soit le nombre de carrés blancs qui les séparent.

161

Boucle 4

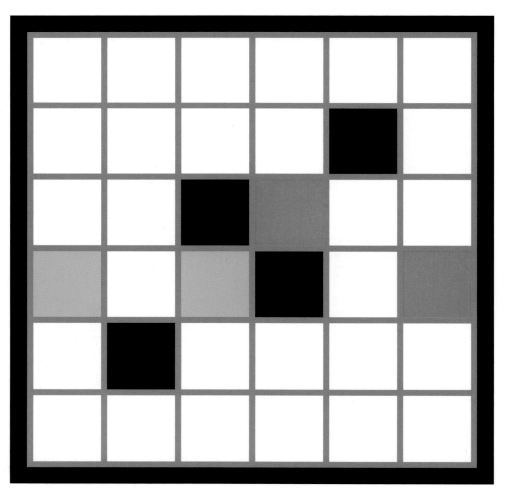

OBJECTIF : Former une boucle continue qui passe par tous les carrés qui ne sont pas noir

RÈGLES : Il est interdit de passer plus de une fois dans un carré. Alterner avec des carré rouges et bleus, quel que soit le nombre de carrés blancs qui les séparent.

Boucle 5

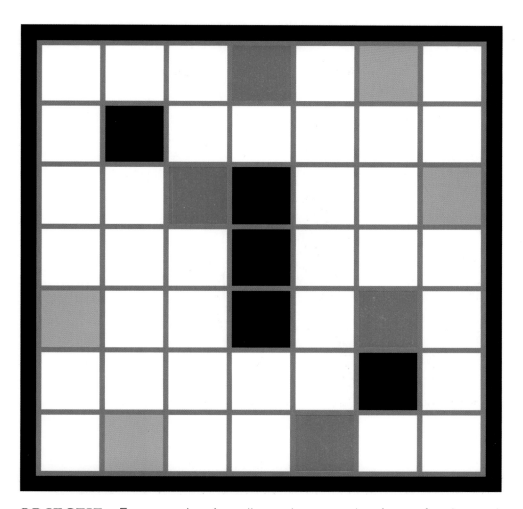

OBJECTIF : Former une boucle continue qui passe par tous les carrés qui ne sont pas noirs.
RÈGLES : Il est interdit de passer plus de une fois dans un carré. Alterner avec des carrés rouges et bleus, quel que soit le nombre de carrés blancs qui les séparent.

Boucle 6

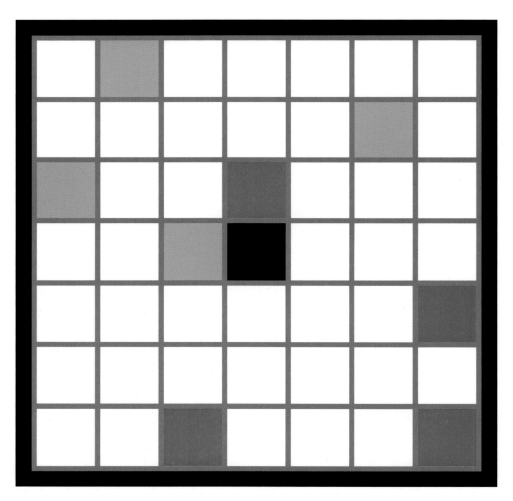

OBJECTIF : Former une boucle continue qui passe par tous les carrés qui ne sont pas noir
RÈGLES : Il est interdit de passer plus de une fois dans un carré. Alterner avec des carré
rouges et bleus, quel que soit le nombre de carrés blancs qui les séparent.

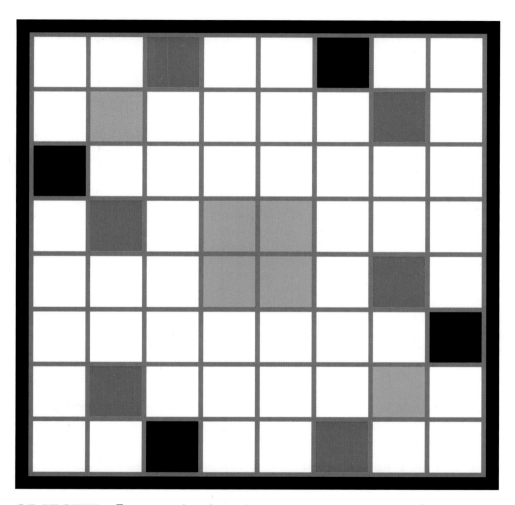

OBJECTIF : Former une boucle continue qui passe par tous les carrés qui ne sont pas noirs.
RÈGLES : Il est interdit de passer plus de une fois dans un carré. Alterner avec des carrés rouges et bleus, quel que soit le nombre de carrés blancs qui les séparent.

Boucle 8

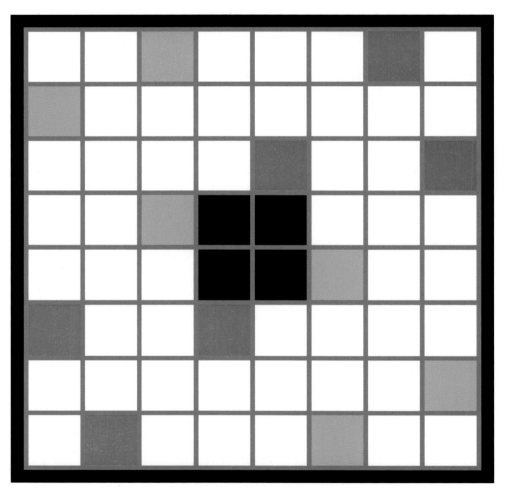

OBJECTIF : Former une boucle continue qui passe par tous les carrés qui ne sont pas noirs

RÈGLES : Il est interdit de passer plus de une fois dans un carré. Alterner avec des carrés rouges et bleus, quel que soit le nombre de carrés blancs qui les séparent.

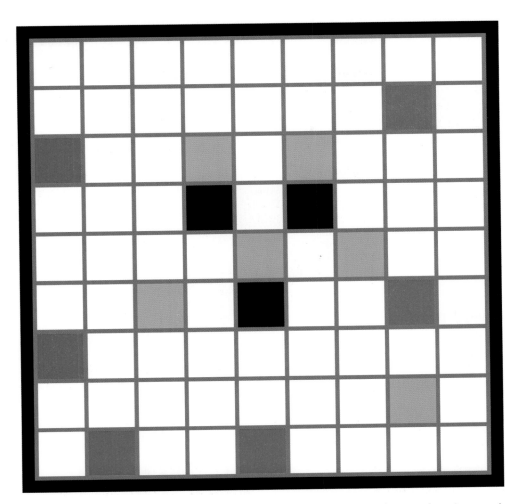

OBJECTIF : Former une boucle continue qui passe par tous les carrés qui ne sont pas noirs.

RÈGLES : Il est interdit de passer plus de une fois dans un carré. Alterner avec des carrés rouges et bleus, quel que soit le nombre de carrés blancs qui les séparent.

Boucle 10

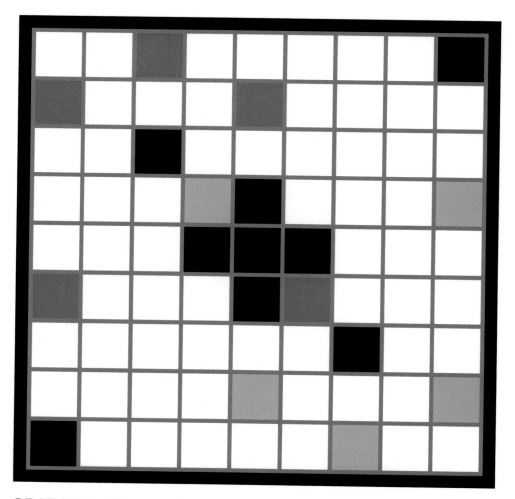

OBJECTIF : Former une boucle continue qui passe par tous les carrés qui ne sont pas noirs.
RÈGLES : Il est interdit de passer plus d'une fois dans un carré. Alterner avec des carrés rouges et bleus, quel que soit le nombre de carrés blancs qui les séparent.

168

Boucle 11

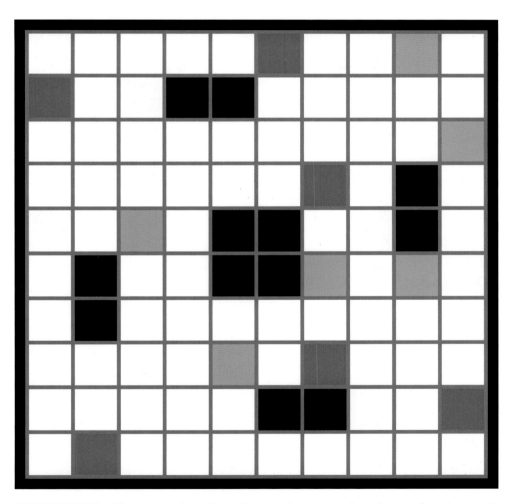

OBJECTIF : Former une boucle continue qui passe par tous les carrés qui ne sont pas noirs.

RÈGLES : Il est interdit de passer plus de une fois dans un carré. Alterner avec des carrés rouges et bleus, quel que soit le nombre de carrés blancs qui les séparent.

Boucle 12

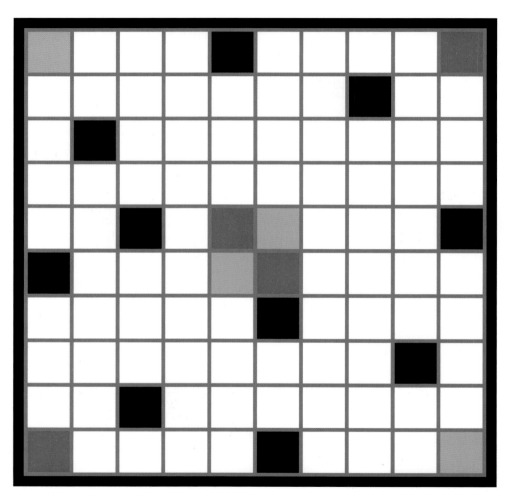

OBJECTIF : Former une boucle continue qui passe par tous les carrés qui ne sont pas noir

RÈGLES : Il est interdit de passer plus de une fois dans un carré. Alterner avec des carré rouges et bleus, quel que soit le nombre de carrés blancs qui les séparent.

170

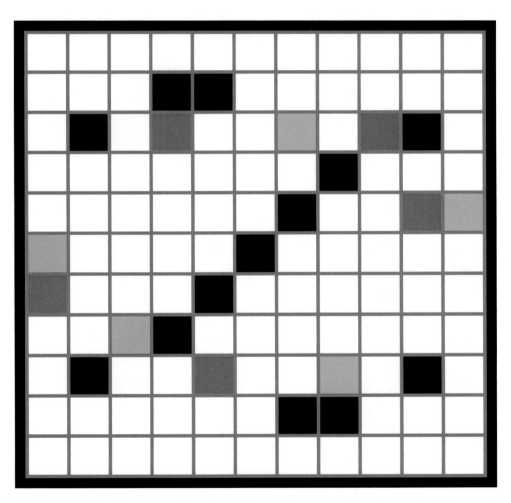

OBJECTIF : Former une boucle continue qui passe par tous les carrés qui ne sont pas noirs.
RÈGLES : Il est interdit de passer plus de une fois dans un carré. Alterner avec des carrés rouges et bleus, quel que soit le nombre de carrés blancs qui les séparent.

Boucle 14

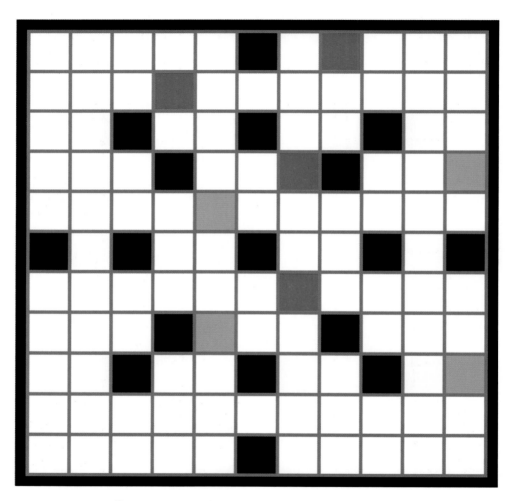

OBJECTIF : Former une boucle continue qui passe par tous les carrés qui ne sont pas noirs.
RÈGLES : Il est interdit de passer plus de une fois dans un carré. Alterner avec des carrés rouges et bleus, quel que soit le nombre de carrés blancs qui les séparent.

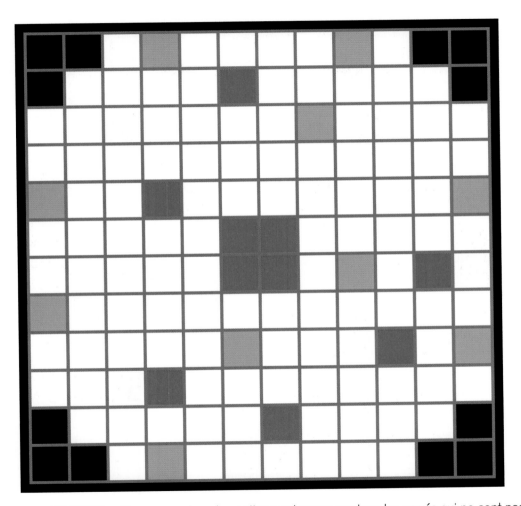

OBJECTIF : Former une boucle continue qui passe par tous les carrés qui ne sont pas noirs.

RÈGLES : Il est interdit de passer plus de une fois dans un carré. Alterner avec des carrés rouges et bleus, quel que soit le nombre de carrés blancs qui les séparent.

173

Boucle 16

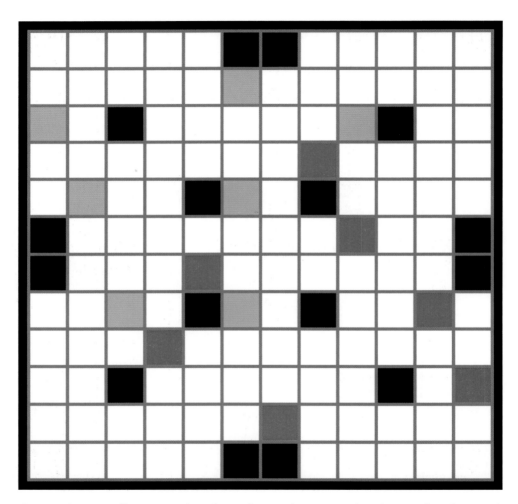

OBJECTIF : Former une boucle continue qui passe par tous les carrés qui ne sont pas noir
RÈGLES : Il est interdit de passer plus de une fois dans un carré. Alterner avec des carré
rouges et bleus, quel que soit le nombre de carrés blancs qui les séparent.

Boucle 17

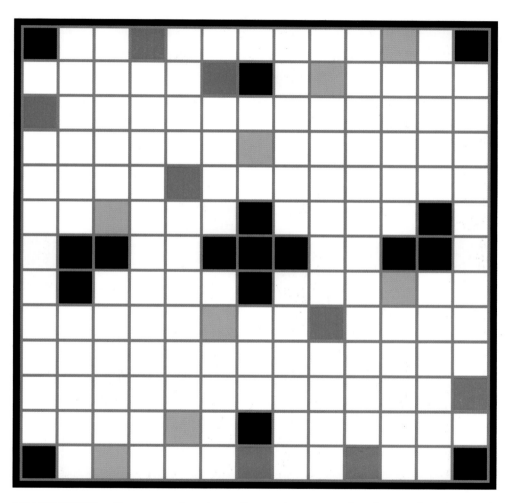

OBJECTIF : Former une boucle continue qui passe par tous les carrés qui ne sont pas noirs.
RÈGLES : Il est interdit de passer plus d'une fois dans un carré. Alterner avec des carrés rouges et bleus, quel que soit le nombre de carrés blancs qui les séparent.

175

Boucle 18

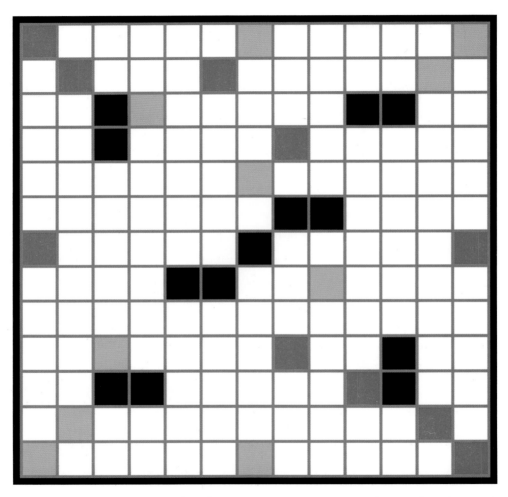

OBJECTIF : Former une boucle continue qui passe par tous les carrés qui ne sont pas noir

RÈGLES : Il est interdit de passer plus de une fois dans un carré. Alterner avec des carré
rouges et bleus, quel que soit le nombre de carrés blancs qui les séparent.

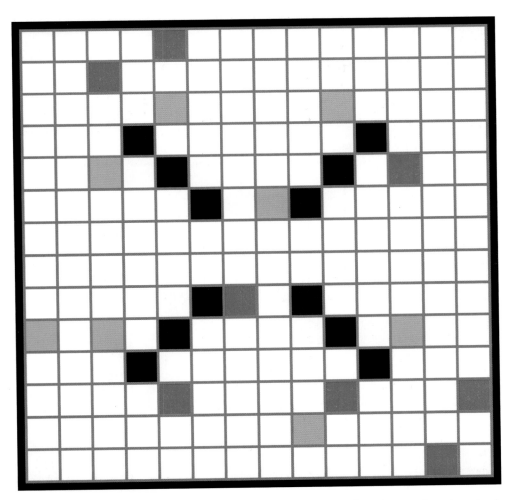

OBJECTIF : Former une boucle continue qui passe par tous les carrés qui ne sont pas noirs.

RÈGLES : Il est interdit de passer plus de une fois dans un carré. Alterner avec des carrés rouges et bleus, quel que soit le nombre de carrés blancs qui les séparent.

Boucle 20

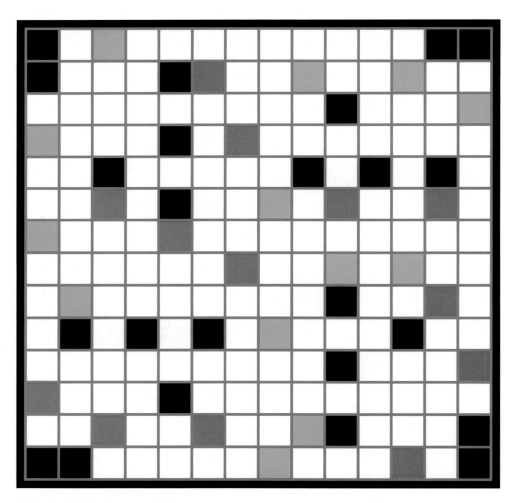

OBJECTIF : Former une boucle continue qui passe par tous les carrés qui ne sont pas noir

RÈGLES : Il est interdit de passer plus de une fois dans un carré. Alterner avec des carré rouges et bleus, quel que soit le nombre de carrés blancs qui les séparent.

Solutions

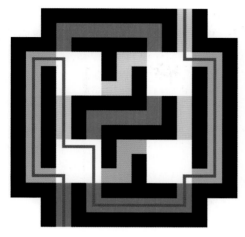

COULOIR DE COULEUR 1, PAGE 5

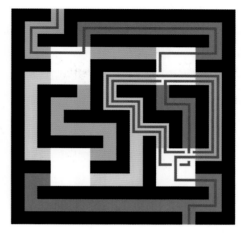

COULOIR DE COULEUR 2, PAGE 6

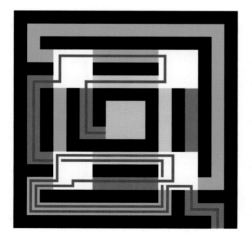

COULOIR DE COULEUR 3, PAGE 7

COULOIR DE COULEUR 4, PAGE 8

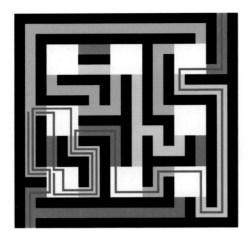

COULOIR DE COULEUR 5, PAGE 9

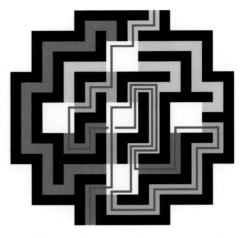

COULOIR DE COULEUR 6, PAGE 10

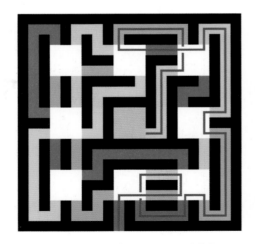

COULOIR DE COULEUR 7, PAGE 11

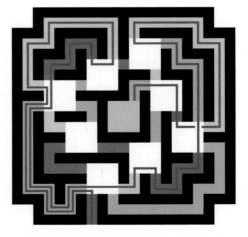

COULOIR DE COULEUR 8, PAGE 12

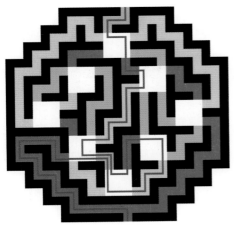

COULOIR DE COULEUR 9, PAGE 13

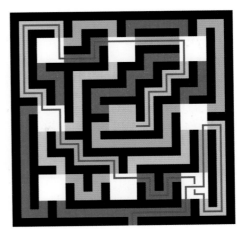

COULOIR DE COULEUR 10, PAGE 14

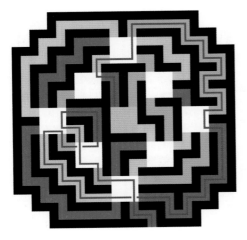

COULOIR DE COULEUR 11, PAGE 15

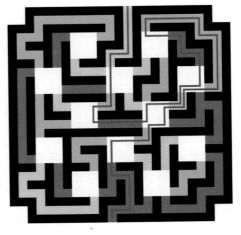

COULOIR DE COULEUR 12, PAGE 16

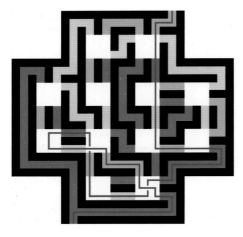

COULOIR DE COULEUR 13, PAGE 17

COULOIR DE COULEUR 14, PAGE 18

COULOIR DE COULEUR 15, PAGE 19

COULOIR DE COULEUR 16, PAGE 20

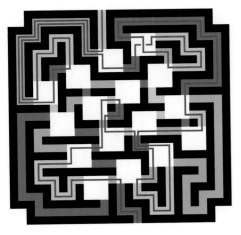

COULOIR DE COULEUR 17, PAGE 21

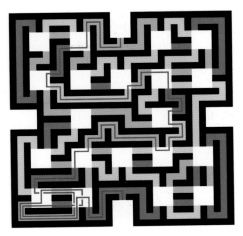

COULOIR DE COULEUR 18, PAGE 22

COULOIR DE COULEUR 19, PAGE 23

COULOIR DE COULEUR 20, PAGE 24

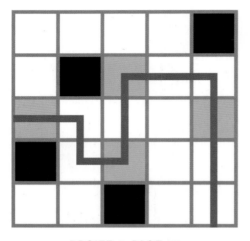

DROITE 1, PAGE 27

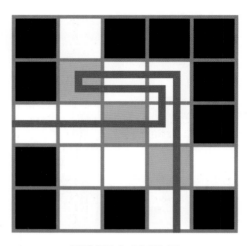

DROITE 2, PAGE 28

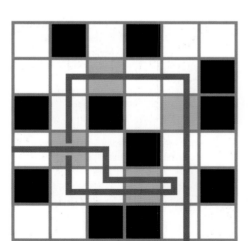

DROITE 3, PAGE 29

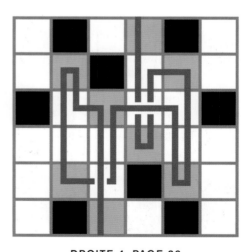

DROITE 4, PAGE 30

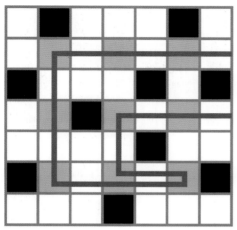

DROITE 5, PAGE 31

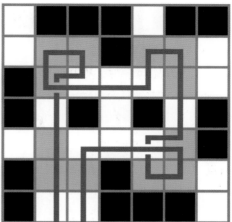

DROITE 6, PAGE 32

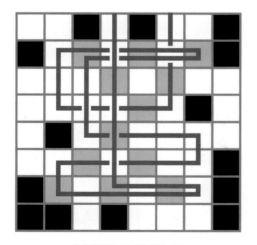

DROITE 7, PAGE 33

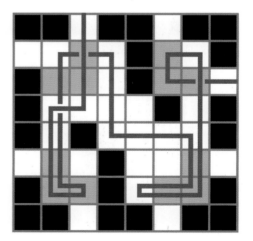

DROITE 8, PAGE 34

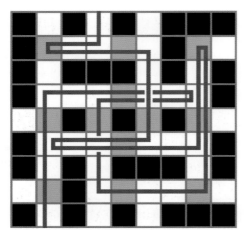

DROITE 9, PAGE 35

DROITE 10, PAGE 36

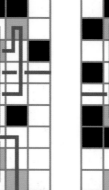
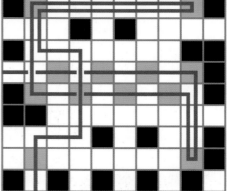

DROITE 11, PAGE 37

DROITE 12, PAGE 38

186

DROITE 13, PAGE 39

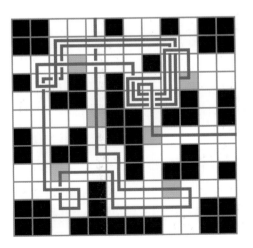

DROITE 15, PAGE 41

DROITE 14, PAGE 40

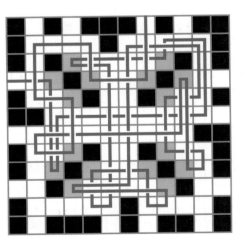

DROITE 16, PAGE 42

DROITE 17, PAGE 43

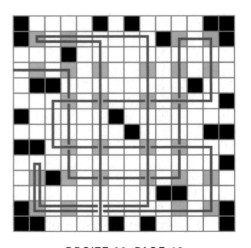

DROITE 18, PAGE 44

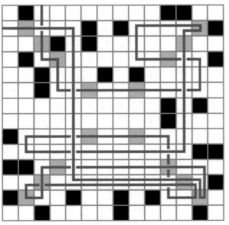

DROITE 19, PAGE 45

DROITE 20, PAGE 46

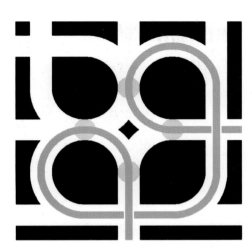

COURBE 1, PAGE 49

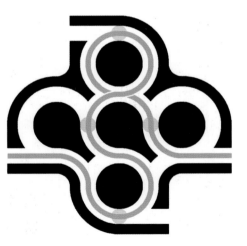

COURBE 2, PAGE 50

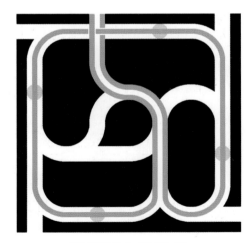

COURBE 3, PAGE 51

COURBE 4, PAGE 52

COURBE 5, PAGE 53

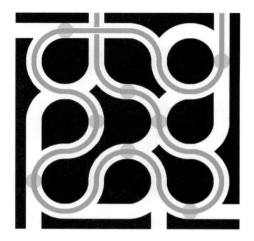

COURBE 6, PAGE 54

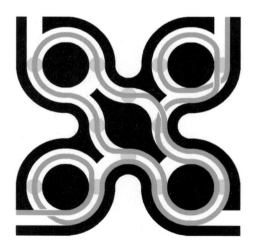

COURBE 7, PAGE 55

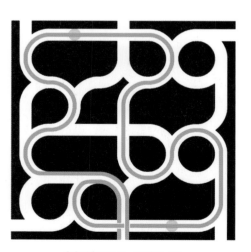

COURBE 8, PAGE 56

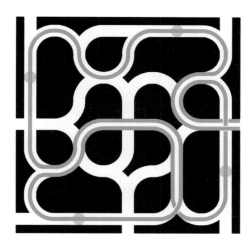

COURBE 9, PAGE 57

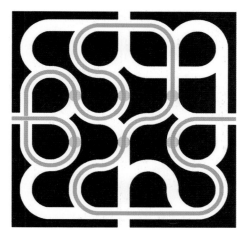

COURBE 10, PAGE 58

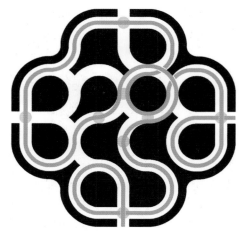

COURBE 11, PAGE 59

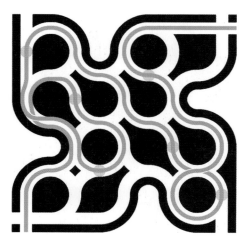

COURBE 12, PAGE 60

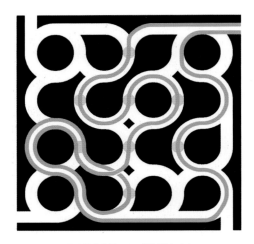

COURBE 13, PAGE 61

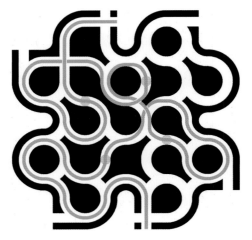

COURBE 14, PAGE 62

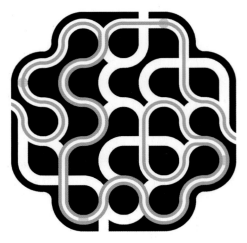

COURBE 15, PAGE 63

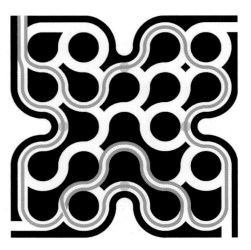

COURBE 16, PAGE 64

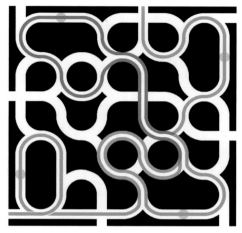

COURBE 17, PAGE 65

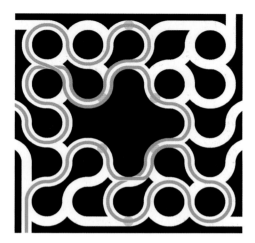

COURBE 18, PAGE 66

COURBE 19, PAGE 67

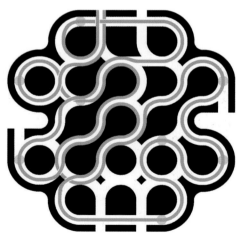

COURBE 20, PAGE 68

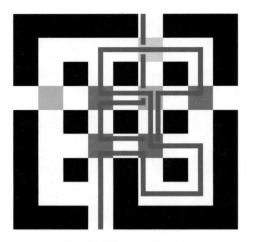

VIRAGES 1, PAGE 71

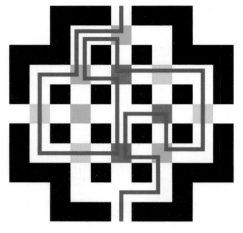

VIRAGES 2, PAGE 72

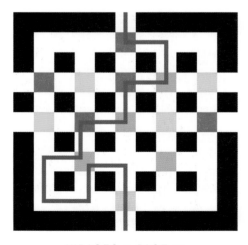

VIRAGES 3, PAGE 73

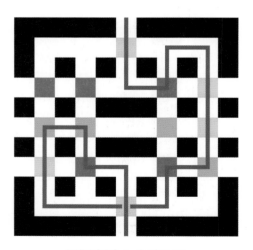

VIRAGES 4, PAGE 74

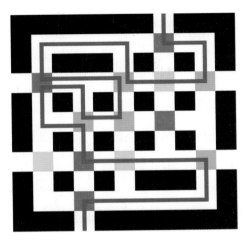

VIRAGES 5, PAGE 75

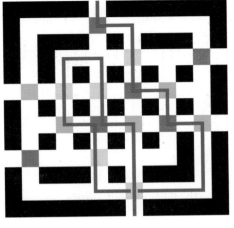

VIRAGES 6, PAGE 76

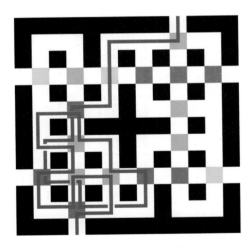

VIRAGES 7, PAGE 77

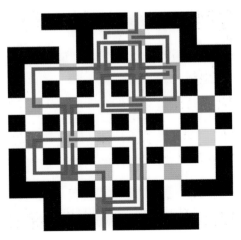

VIRAGES 8, PAGE 78

VIRAGES 9, PAGE 79

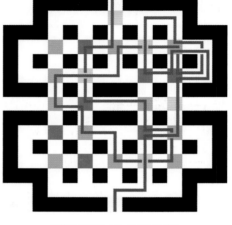

VIRAGES 10, PAGE 80

VIRAGES 11, PAGE 81

VIRAGES 12, PAGE 82

VIRAGES 13, PAGE 83

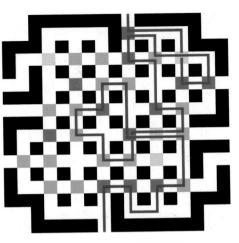

VIRAGES 14, PAGE 84

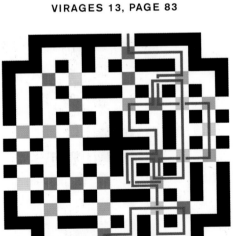

VIRAGES 15, PAGE 85

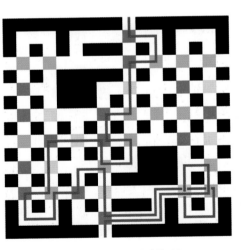

VIRAGES 16, PAGE 86

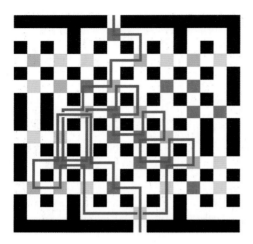

VIRAGES 17, PAGE 87

VIRAGES 18, PAGE 88

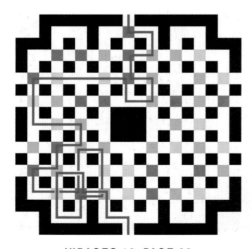

VIRAGES 19, PAGE 89

VIRAGES 20, PAGE 90

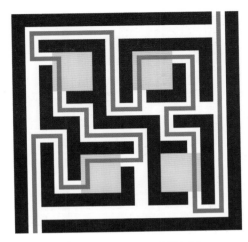

SÉQUENCE A 1, PAGE 93

SÉQUENCE A 2, PAGE 94

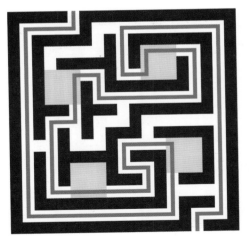

SÉQUENCE A 3, PAGE 95

SÉQUENCE A 4, PAGE 96

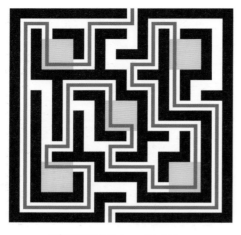

SÉQUENCE A 5, PAGE 97

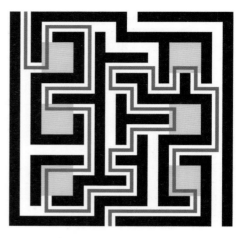

SÉQUENCE A 6, PAGE 98

SÉQUENCE A 7, PAGE 99

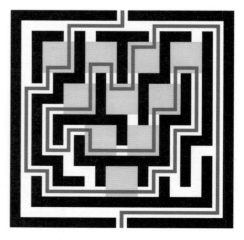

SÉQUENCE A 8, PAGE 100

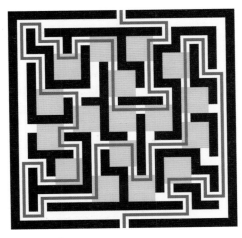

SÉQUENCE A 9, PAGE 101

SÉQUENCE A 10, PAGE 102

SÉQUENCE A 11, PAGE 103

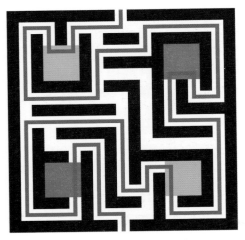

SÉQUENCE A 12, PAGE 104

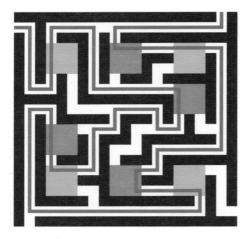

SÉQUENCE A 13, PAGE 105

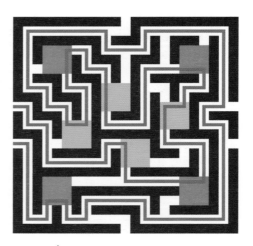

SÉQUENCE A 14, PAGE 106

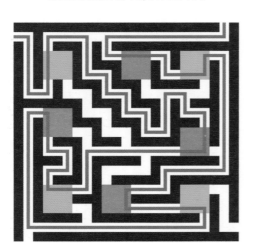

SÉQUENCE A 15, PAGE 107

SÉQUENCE A 16, PAGE 108

SÉQUENCE A 17, PAGE 109

SÉQUENCE A 18, PAGE 110

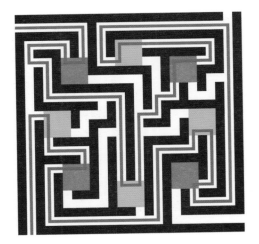

SÉQUENCE A 19, PAGE 111

SÉQUENCE A 20, PAGE 112

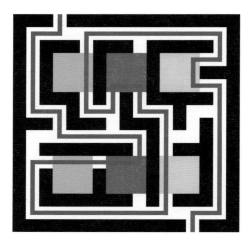

SÉQUENCE B 1, PAGE 115

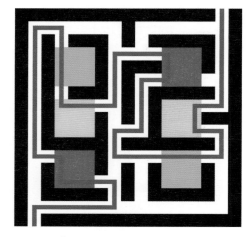

SÉQUENCE B 2, PAGE 116

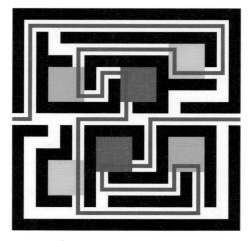

SÉQUENCE B 3, PAGE 117

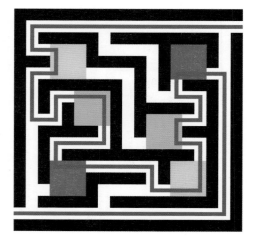

SÉQUENCE B 4, PAGE 118

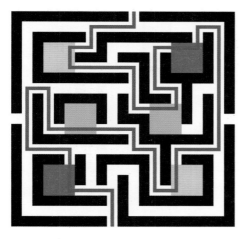

SÉQUENCE B 5, PAGE 119

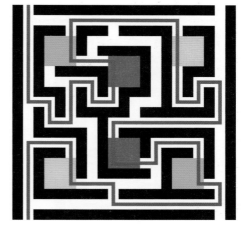

SÉQUENCE B 6, PAGE 120

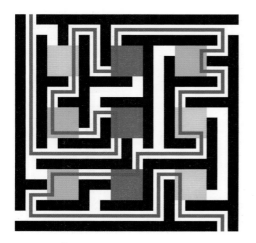

SÉQUENCE B 7, PAGE 121

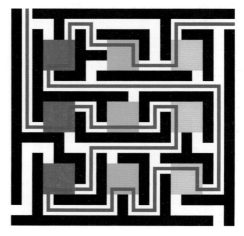

SÉQUENCE B 8, PAGE 122

SÉQUENCE B 9, PAGE 123

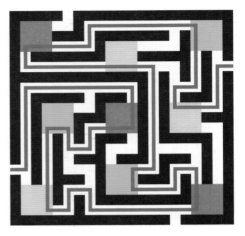

SÉQUENCE B 10, PAGE 124

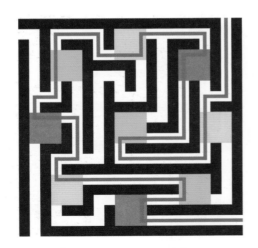

SÉQUENCE B 11, PAGE 125

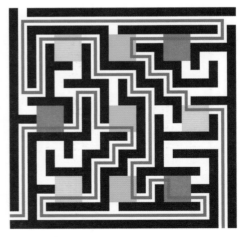

SÉQUENCE B 12, PAGE 126

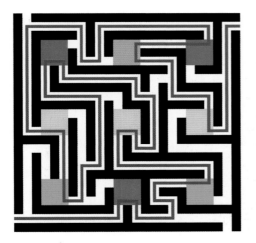

SÉQUENCE B 13, PAGE 127

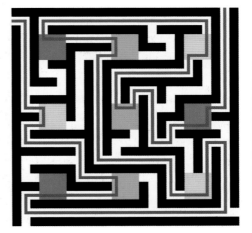

SÉQUENCE B 14, PAGE 128

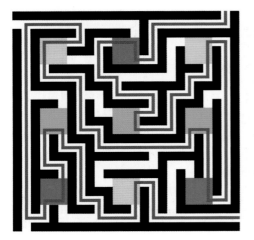

SÉQUENCE B 15, PAGE 129

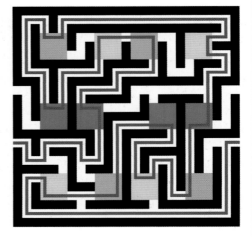

SÉQUENCE B 16, PAGE 130

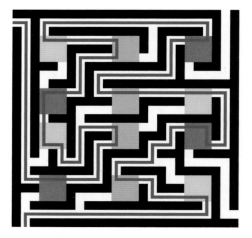

SÉQUENCE B 17, PAGE 131

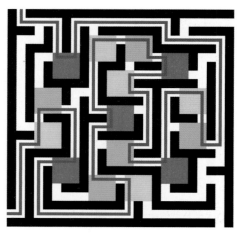

SÉQUENCE B 18, PAGE 132

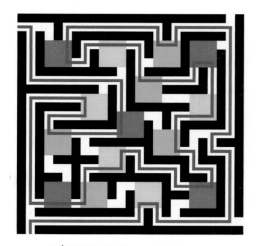

SÉQUENCE B 19, PAGE 133

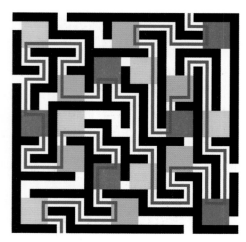

SÉQUENCE B 20, PAGE 134

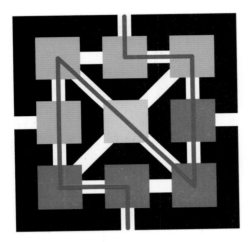

DEUX DE SUITE 1, PAGE 137

DEUX DE SUITE 2, PAGE 138

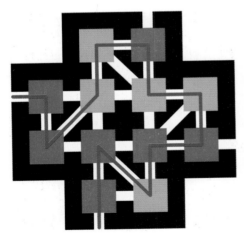

DEUX DE SUITE 3, PAGE 139

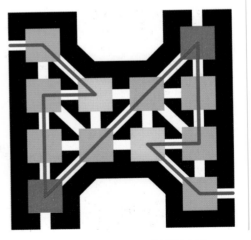

DEUX DE SUITE 4, PAGE 140

DEUX DE SUITE 5, PAGE 141

DEUX DE SUITE 6, PAGE 142

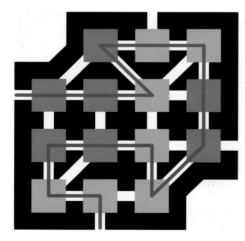

DEUX DE SUITE 7, PAGE 143

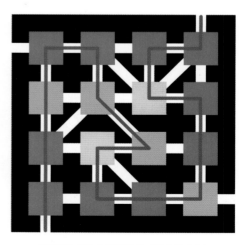

DEUX DE SUITE 8, PAGE 144

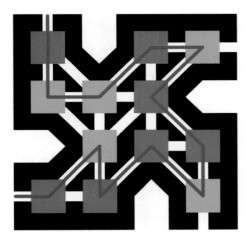

DEUX DE SUITE 9, PAGE 145

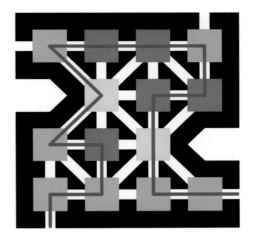

DEUX DE SUITE 10, PAGE 146

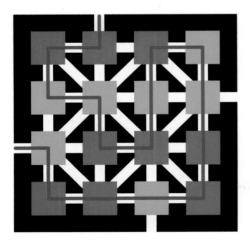

DEUX DE SUITE 11, PAGE 147

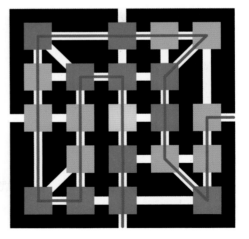

DEUX DE SUITE 12, PAGE 148

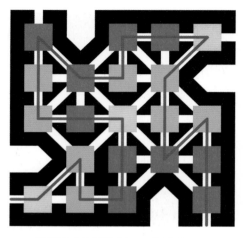

DEUX DE SUITE 13, PAGE 149

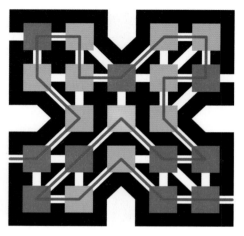

DEUX DE SUITE 14, PAGE 150

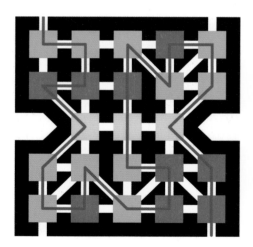

DEUX DE SUITE 15, PAGE 151

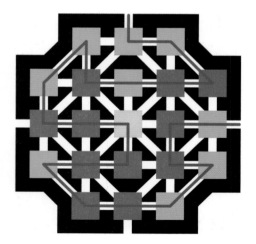

DEUX DE SUITE 16, PAGE 152

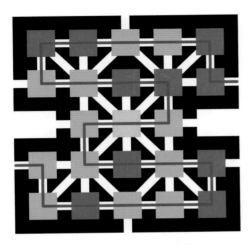

DEUX DE SUITE 17, PAGE 153

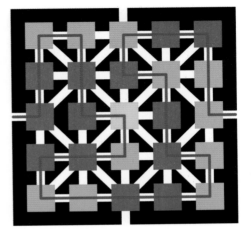

DEUX DE SUITE 18, PAGE 154

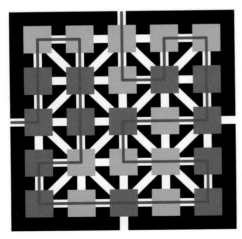

DEUX DE SUITE 19, PAGE 155

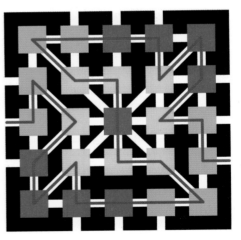

DEUX DE SUITE 20, PAGE 156

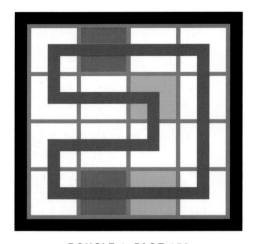

BOUCLE 1, PAGE 159

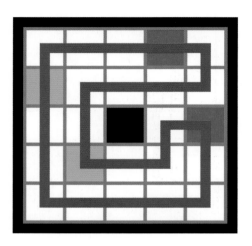

BOUCLE 2, PAGE 160

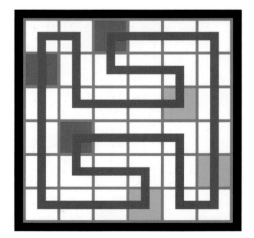

BOUCLE 3, PAGE 161

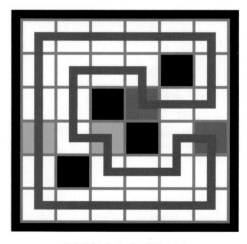

BOUCLE 4, PAGE 162

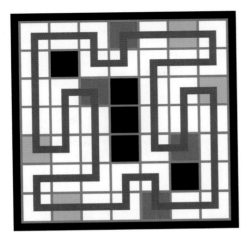

BOUCLE 5, PAGE 163

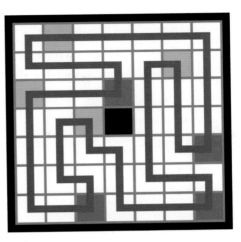

BOUCLE 6, PAGE 164

BOUCLE 7, PAGE 165

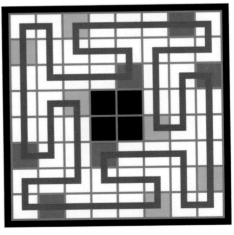

BOUCLE 8, PAGE 166

215

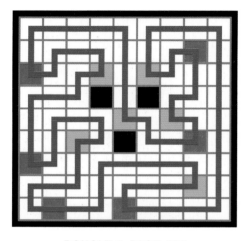

BOUCLE 9, PAGE 167

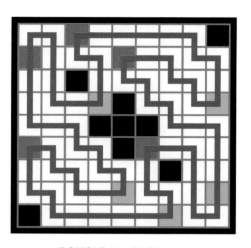

BOUCLE 10, PAGE 168

BOUCLE 11, PAGE 169

BOUCLE 12, PAGE 170

BOUCLE 13, PAGE 171

BOUCLE 14, PAGE 172

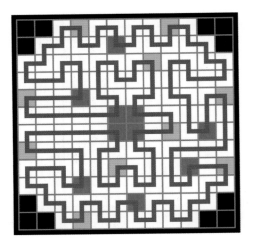

BOUCLE 15, PAGE 173

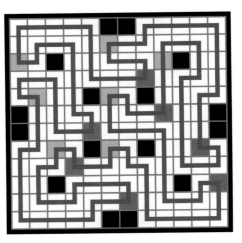

BOUCLE 16, PAGE 174

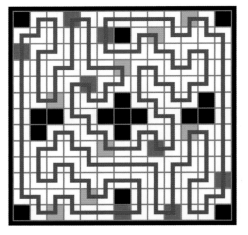

BOUCLE 17, PAGE 175

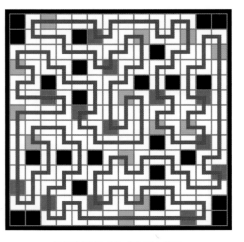

BOUCLE 18, PAGE 176

BOUCLE 19, PAGE 177

BOUCLE 20, PAGE 178